朝日新書
Asahi Shinsho 852

# 音楽する脳

## 天才たちの創造性と超絶技巧の科学

大黒達也

朝日新聞出版

家族へ、天国にいる祖父母へ、そして365日私を支えてくれる妻へ捧ぐ

# はじめに

「風は見えなくても風車は回っている。音楽は見えなくても心に響いてくる、囁きかける」

ヨハン・ゼバスティアン・バッハ

誰しもが知る音楽の父バッハが遺した言葉のように、音楽は目に見えるものではありません。しかし、コンサートホールで聴くクラシック、路上で聴く歌、お店やカフェで流れているBGM、疲れたときに休憩がてら聴く好みの曲……などなど、私たちはほぼ毎日音楽を聴き、そしてそれらは気づかずとも私たちの心に語りかけ、癒しを与えてくれています。音楽は間違いなく、世代や文化の枠を超えて私たち人間と共に生きてきた「最高のパートナー」です。なぜ、人間には音楽が必要なのでしょうか？　どうして私たちは音楽に感動するのでしょうか？　本書では、この疑問について、筆者が日々研究を行っている「音楽と脳」の関係から迫ります。

筆者は幼少時からクラシック和声の教本を片手に、家族旅行の際も高校にも持っていき、青春時代のほとんどを音楽理論や作曲の勉強に費やしてきました。しかしそれでもなぜ人間は音楽が必要なのか、どうして私たちは音楽に感動するのかという疑問には近づくことができませんでした。私だけでなく、私たち人間全体がまだ、この疑問に完璧に解答できたとは到底いえません。これが科学によって少しずつ理解されることで、私たちはさらに音楽と深く繋がることができるでしょう。

これを理解する重要なキーワードとして、人間と脳の関係が挙げられます。音楽を創造するというのは人間にしか成せない能力です。人間以外にも音楽的な感性があるといわれる動物（鳥など）はいますが、複雑な音楽構造（和音など）を発見したり、高性能の楽器を発明したりするなど、これほど高度な音楽を生み出せるのは地球上では人間しかいません。音楽と脳、音楽と人間の関係を知るということは、ある意味で私たち自身を知ることと同義ともいえるでしょう。

私たちの脳は、音楽と非音楽というものを識別することができます。車のクラクションや工事中の騒音を音楽と考える人はほとんどいないでしょう。一方で、クラシック音楽を雑音と感じる人もほとんどいません（一部には音楽を音楽として認識できない「失音楽症」という症状を有する人もいます）。この音楽と非音楽の識別能力は乳幼児にも存在します。これはなぜでしょうか？

その答えの一つとなるのが「人間の脳の進化」です。芸術の起源を辿れば、ヨーロッパにおいて約4万〜5万年前に架空の生物を描いた壁画や世界最古のフルートが発見されています。これは、人類がホモ・サピエンスへと進化した時期とおおよそ一致します。つまりヒトは、紀元前3000年頃に文字を生み出すより遥か大昔から、芸術や音楽活動を行い新たな価値を創出してきました。

一方で、芸術の表現方法は人類の脳の進化に伴って変化し続けています。例えば、大昔では部族音楽のようなリズム中心に演奏されるものから、現代では高度な理論やテクニックによって演奏されるようになりました。

楽器に関しても、大昔では自然の産物（貝殻や角笛など）を使って演奏されていましたが、その後様々な進化を遂げてオーケストラで使うような精密な楽器が開発されました。現代では、音質などの操作が正確にできるような電子楽器も存在します。

この長い緩やかな音楽の発展を通して私たちは、大昔では想像もできなかったであろう様々な音の響きを「音楽」と認識できるようになりました。例えば、約4万〜5万年前に初めて音楽を奏でたといわれる人類の祖先ホモ・サピエンスが、科学と知性の発達によって生まれた平均律のクラシック音楽を聴いてその価値を充分に理解できなかったはずです。しかし、クラシック音楽を何世代にもわたって聴き続けてきた現代人の脳はそれを理解し、感動することができます。

このように、ヒトは何万年とかけて現代まで途切れることなく様々に姿形を変えながら音楽の表現方法を模索してきました。現代人の脳にある音楽と非音楽の境界線というのは、脳の発達によって変わりうるものなのです。

一方で、私たちの脳が現時点で「非音楽」と感じる音現象は、もしかしたら単に「私たち現代人の脳」がまだ追いついていないだけだと考えることもできます。例えば、パソコンから聴こえる様々な機械音のハーモニーをクラシックのオーケストラのように感動する日が未来ではあるのかもしれません。

さて、本書では筆者が日々研究を行っている「音楽と脳」の関係に迫ります。特にクラシック音楽はどのように進化してきたのか、私たちとどのように関わってきたのか、脳は音楽をどのように認識し、どのように創造しているのか？　この音楽の不思議な力に関する科学的根拠について知りたい方は、本書をひとたび読み始めるや否や、知りたい知識が詰まっていることで、ワクワクと興奮が止まらないことでしょう。

本書の構成は、五つの章からなっています。

第1章では、音楽が科学の進歩とともにどのように変化してきたのか、また音楽と数学の関係についてお話しします。この章は脳とは直接は関係ないですが読み進めていくにつれて、人間や科学が音楽とどのように関わってきたのかを知ることができるでしょう。

第2章では、音楽という概念を、「人間の脳」だけでなく、人間が生まれるずっと以前からあった「宇宙」という視点からもお話しします。そもそも音楽は人間が奏でるものではありますが、「音楽そのものが根本的に何者であるのか」という究極の問題は未だ謎に包まれています。本章では、自然や宇宙の法則を音で表現した音楽「宇宙の音楽」と、人間の感情を表現した音楽「脳の音楽」という二つの対極をなすお話しについて、脳の研究者からの視点で考えていきます。

第3章からは、筆者の研究分野である脳の音楽に限定してお話を進めていきます。特に、筆者が日々研究を行っている脳の統計学習システムに基づいて、脳はいかにして音楽を作曲するのかについてお話しします。

一方で、第4章では、第3章の作曲（創造）に対して、音楽を「演奏」する脳についてお話しします。脳の演奏に関しては、筆者よりも専門的に行っている素晴らしい研究者が世の中にたくさんいますが、ここではあえて筆者が専門的に研究している第3章の作曲（脳の創造、想像）に対して、演奏（脳の生成、運動）はどのような違いがあるのかなどをお話ししていきます。また、楽器の練習が脳にどのような効果を及ぼすのかについてもお話しします。本章を読むことで、普段楽器の練習をしているプロの演奏家、趣味の演奏家にかかわらず、自分たちの練習が脳に与えている影響を知ることができるでしょう。

また、第4章の最後には、コラムを載せています。このコラムでは、なぜ私たちは音楽に感動するのか、またどのような聴き方によって音楽に感動することができるのかについてお話ししていきます。

最後の第5章では、曲や演奏ではなく、読者のみなさんが行っている音楽の「聴取」そのものが脳に及ぼす影響についてお話しします。作曲する、演奏するといったアクティブな行動は、ただ聴取するパッシブな行動よりも良い影響を与えることは間違いないでしょう。しかし、作曲や演奏は時間や体力に限度があります。また、作曲や演奏ができない人でも音楽を聴くことはできます。本章は、音楽を聴くことで脳はどのように発達し、そして音楽以外の能力（言語など）にどのように影響を与えるのかについてお話しします。

また、本章の最後に筆者からのメッセージとして一つ項目をもうけました。音楽を聴くことによる脳への効果はもちろんありますが、その前に音楽とは言語以上に私たち人間にとってなくてはならない、人間の最も本質的なものです。

本書を読むことで、読者のみなさんが日常で聴く音楽の神秘性を感じていただき、人生をますます豊かにしていただくことを願っています。

大黒達也

図版　谷口正孝
本文写真　図1－14上・朝日新聞社
　　　　　　　　下・Ullstein bild／アフロ
カバー写真　東川哲也（朝日新聞出版写真部）
JASRAC　出　2200289－201

# 音楽する脳　目次

## 第3章 創造的な音楽はいかにして作られるか 

# 第1章　音楽と数学の不思議な関係

# 音楽と科学の歴史

## 音楽と科学の意外な繋がり

芸術と科学、これらはよく感性と論理のように対照的に述べられることがあります。たしかに芸術作品というのは創作者の「感性」から生まれる一方で、科学論文には論理的思考が必須であるという意味では間違いではありません。しかし、芸術と科学は本来、同一の起源からなります。私たち人間は、神秘的で雄大な自然を前にして内面から湧き上がる感動を仲間と分かち合うために、科学や芸術を利用してきました。

科学者は自然の振る舞いを物理面から理解しますが、芸術家は自然美を感性によって理解しようとします。両者は、表現の違いという点で対照的であっても、自然に存在する不思議な現象を共有したいという根本的な部分では同じものなのです。イギリスの数学者、ジェームス・ジョセフ・シルベスター（1814－1897）の言葉を借りれば、「音楽は感覚の数学であり、数学は理性の音楽」といえるでしょう。

実際、古代ギリシャの学校では、音楽は、算術、幾何学、天文学と並ぶ数学系4学として重視されていました。これに文学系3学をいれたものを「リベラル・アーツ」と呼びます。[1] リベラル・アーツは、人に必要な知識・学問の基本であり現代においても世界中で重視されています。例えば、国内では音楽を学ぶ大学は音楽大学が担っていますが、海外では総合大学に音楽学部があります。これは、音楽が決して芸術特有のものではなく、人に必要な基礎的学問として認知されていることを意味します。

米国のハーバード大学、スタンフォード大学、イギリスのケンブリッジ大学など世界的に有名な大学にはほぼ必ず音楽学部があり、素晴らしい研究者らが音楽の本質に迫るべく数学や最先端の科学技術を用いて音楽理論や音楽学を研究しています。このように音楽の追求には、感性や芸術的側面だけでなく「科学」を追求するための論理的側面も必要なものなのです。

このことを鑑みると、音楽家は未知の科学を演奏による実践から追求している「科学者」ともいえるでしょう。

## 音楽は、科学の進歩とともに変化してきた

音楽の変化は科学の進歩と密接に関わっています。そして、科学の進歩そのものにも、音楽が重要な役割を果たしてきました。

例えば、古代ギリシャの天文学者ピタゴラスは、「音楽は天体の数学的理論を音で表現するもの」と唱え、天体の原理を理解すべく音楽を用いました。[2,3] ピタゴラスは、高校でも習う「三平方の定理」を発見した人物ですのでその名を聞いたことがある人は多いと思いますが、実は音楽の最も重要な要素である「音律（おんりつ）」を発見した人物でもあります。[4]

音律とは、オクターブの中でどのような高さの音を用いるかを規定するものです。私たちは、音楽を演奏する際、ド、レ、ミ……など1オクターブ内で12個の音を用いますね。これは、現代の音楽が12平均律を用いているからです。ピタゴラスが発見した音律は「ピタゴラス音律」と呼ばれるもので、現代用いられている12平均律とは少し違いますが（詳しくは次の節で述べます）、音律の概念を初めて定着させた人物として、音楽の起源を語る上で最も重要な人物といえます。彼は音律の理論をもとにして「惑星軌道の理論」をも打ち立てました。まさに、音楽を用いて宇宙の法則を理解しようとしたわけです。

他にも音楽を用いて科学的発見に繋げた人物は多数います。例えば、19世紀に物理学者で世界三大ピアノ［注1］の一つ「スタインウェイ」の開発にも貢献したヘルマン・ヘルムホルツが、共通の倍音を含む音は人間の耳に協和して感じられることなどを発見しました。[5,6] ピタゴラスの主張を人間の聴覚機能から裏付けたといえるものです。

また、ガリレオ・ガリレイの父でもある、リュート奏者のヴィンチェンツォ・ガリレイは、私たち人間が識別できる周波数の限界を自身の演奏から理解し、現代の平均律の発明に大きく貢献しました。[7] このように、数学、天文学、医学を理解すべく、過去の偉大な科学者や音楽家は「音楽」を用いていたのです。

## 音楽とともに進化してきた私たち

音楽は、私たち人間の進化とも深く関わっています。芸術の起源を辿れば、ヨーロッパにおいて約4万〜5万年前に架空の生物を描いた壁画や世界最古のフルートが発見されています。[8,9] この時期は、ダーウィンの進化論でいうところの、人類がホモ・サピエンスへと進化した時期とおおよそ一致します。つまり私たち人間は、紀元前3000年頃に文字を生み出すより遥か大昔から、芸術活動を行い新たな価値を創出していたのです。

しかし、現代に生きる私たち人間は、4万〜5万年前に生み出してきたような芸術作品を新たに作るということはあまりしません。なぜなら、芸術は知性の発達に伴って変化し続けているからです。例えば、大昔では部族音楽のようなリズム中心に演奏されるものから、現代では幾何学的な理論や高度なテクニックによって演奏されるようになりました。ホモ・サピエンスが、科学と知性の発達によって生まれた現代の曲を聞いてもその価値を充分に理解できないでしょうが、知性の発達した現代人ではそれを理解し愉しむことができます。

また、昔は身体を使ってしか音楽を奏でられませんでしたが、今ではシンセサイザーなどの電子楽器の発明により、明らかに身体能力を超越した音楽の創造も可能になっています。シンセサイザーを知らない古代の人が、シンセサイザーの出す音を想像できたでしょうか？

現代に生きる私たち人間は、科学の進歩によりあらゆる音楽を「創造」できるようになり、そして音楽の進歩によりあらゆる音楽を「想像」できるように進化したといえるでしょう。音楽と科学、両者は常に同時に進歩し、お互いの強みを補完し合いながら未知の世界を追い求め続けているのです（図1－1）。

一個人の人生においても同様の変化が起こっているといえるでしょう。例えば、脳が未発達の子供は、難解な現代音楽より単調なメロディーからなる童謡を好みますが、成長と共に様々な音楽を経験し訓練を積むことで難解な現代音楽も愉しむことができるようになります。このように、音楽の「価値観」は私たち人間の時代や発達に依存して絶え間なく変化し続けているのです。

図1―1　音楽と科学の年表（諸説あり）。挙げるべき音楽家、科学者は他にもたくさんいるが、便宜上ここでは本書で紹介した人物のみを挙げている

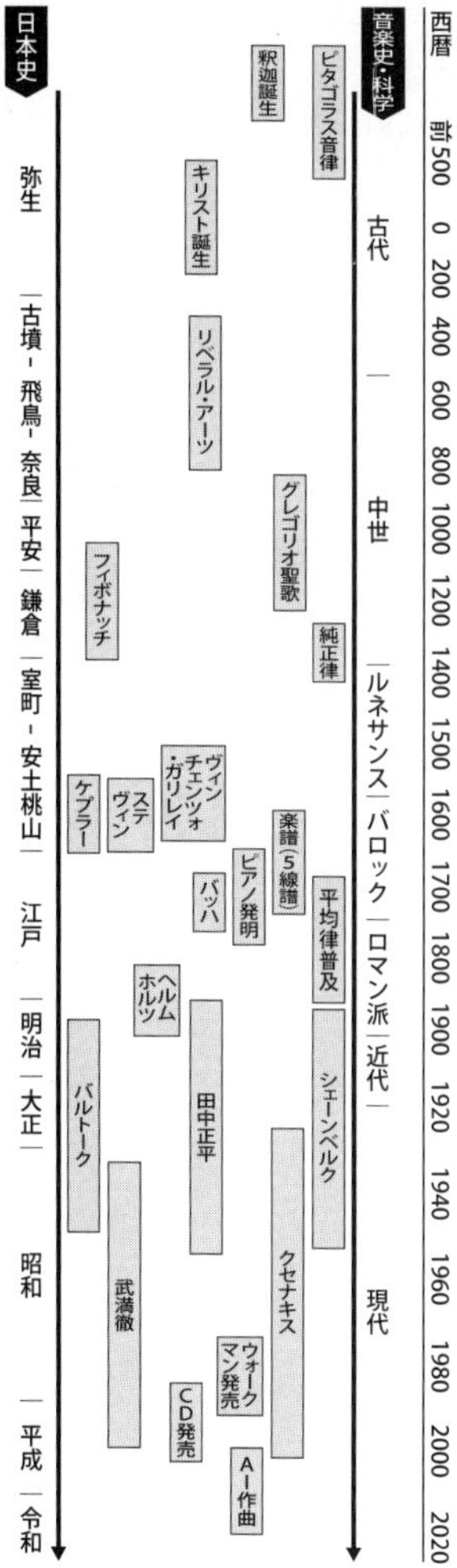

西暦　前500　0　200　400　600　800　1000　1200　1400　1500　1600　1700　1800　1900　1920　1940　1960　1980　2000　2020

音楽史・科学
古代　中世　ルネサンス　バロック　ロマン派　近代　現代

ピタゴラス音律
釈迦誕生
キリスト誕生
リベラル・アーツ
グレゴリオ聖歌
フィボナッチ
純正律
ヴィンチェンツォ・ガリレイ
ステヴィン
ケプラー
楽譜（5線譜）
ピアノ発明
バッハ
平均律普及
ヘルムホルツ
シェーンベルク
田中正平
バルトーク
クセナキス
武満徹
ウォークマン発売
CD発売
AI作曲

日本史
弥生　古墳・飛鳥・奈良　平安　鎌倉　室町・安土桃山　江戸　明治　大正　昭和　平成　令和

次の節からは、科学の発展がどのように音楽の表現方法を変えてきたのかを具体的な例をもとに、より詳細に説明していきたいと思います。

## 音の高さと数学

### 空間芸術「音程」の発見

古代ギリシャの時代では、広大な宇宙が音楽を奏でており、この「宇宙の音楽」が発する調和・協和が、世界の調和に繋がっていると信じられていました。[2,3] このため、音楽理論は数学的にも完全に調和したものでなければなりません。なぜなら、音楽の不調和・不協和は、世界の不調和になりかねないからです。

この時代に音楽と数学の関係性の解明に最も貢献した人物として真っ先に挙げられるのは数学者・天文学者のピタゴラスです。ピタゴラスは紀元前約600年頃から前500年頃に活躍した人物です。紀元前約600年といってもピンとこない読者も多いかもしれませんが、時代的には釈迦(しゃか)や孔子の生きた時代にあたり、日本では縄文時代後期に相当しま

| 半音の数 | 0 | 1 | 2 | 3 | 4 | 5 | 6 | 7 | 8 | 9 | 10 | 11 | 12 |
|---|---|---|---|---|---|---|---|---|---|---|---|---|---|
| | 完全1度 | 短2度 | 長2度 | 短3度 | 長3度 | 完全4度 | 増4度 | 完全5度 | 短6度 | 長6度 | 短7度 | 長7度 | 完全8度 |

図1－2　ピタゴラスが発見した音律と音程

す。

ピタゴラスの大きな貢献は、音楽の最も重要な要素である音律と音程の発見です。前にも述べたように、音律とは、オクターブの中でどのような高さの音を用いるかを規定するものです。現代の音楽でいう、ド、レ、ミ……など1オクターブ内で用いる音です。

音程というのは、二つの音の高さの差を指します。例えば、半音1個分の音程は「短2度」、半音2個分の音程は「長2度」といいます（図1－2）。

「音律や音程」は音楽の中でどのような役割を担っているでしょうか？　音楽は一般に、「時間芸術と空間芸術」が混ざりあって生まれます［注2］。

音楽の時間芸術はいわゆる「リズム」に相当します。リズムは、音を「異なる時間」に鳴らすことで生じるものです。逆に様々な音を〝同時に〟鳴らしてもリズムは生まれません。このように、リズムは「音の時間」を楽しむ芸術といえます。

ピタゴラスが生まれるずっと前から、民族音楽や部族音楽などでは打楽器を用いたリズム主体の音楽を奏でていました。それに対し、音楽の空間芸術は「音程」に相当します。様々な音を〝同時に〟鳴らしたとき、音と音の間に音程が生じます。和音やコードもこの音程を使った響きです。ピタゴラスはこの音程の最も基礎となる数学的理論を発見した人物なのです。

ピタゴラスが発見した音律は、「ピタゴラス音律」と呼ばれ、現代用いられている12平均律とは少し違うものです。しかし、約２５００年経った今でも当時の「ピタゴラス音律」の理論が基礎になっています。[10]

## ピタゴラス音律の発見

ピタゴラスはどのようにして音律や音程を発見したのでしょうか？　実は、読者の誰もが一度は経験したことのあるような方法です。もし近くに紐や糸などがあれば、その両端を押さえてピンと張り、真ん中を弾いてみて下さい。音がするのがわかると思います。また、今度は紐や糸の長さを半分にしてピンと張り、もう一度弾いてみて下さい。今度は先程鳴らした音よりも高い音が鳴ると思います。ピタゴラスが用いた手法は、まさにこの方

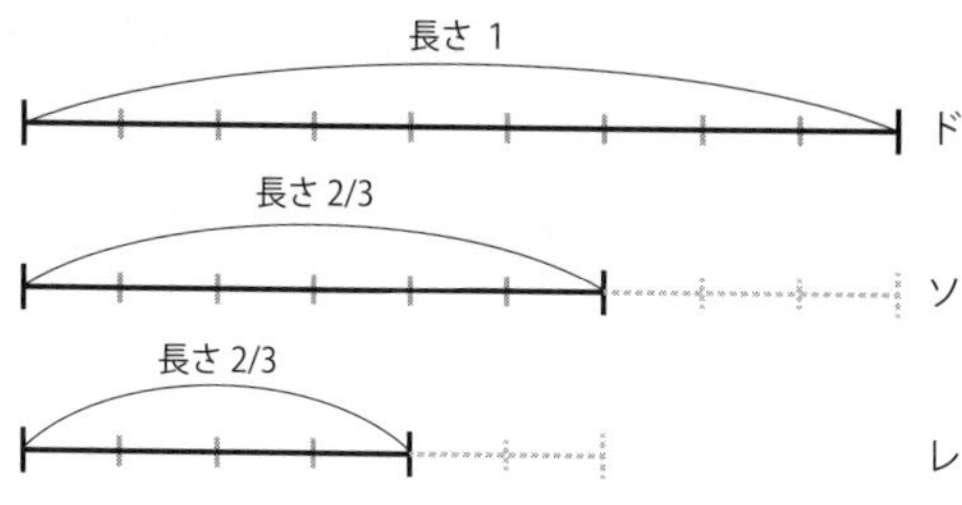

図１－３　弦の長さ、振動数、音の高さの関係

法です。

特にピタゴラスとその弟子たちは、羊の腸で作った「弦」を用いました。[2,3] 一定の長さの弦と、その半分の長さの弦を用意します。二つの弦の長さの比は２：１です。この二つの弦を同時に弾いて音を鳴らしてみると、音の高さは全く違うにもかかわらず同じ音に聴こえることに気づきました。これが、いわゆる「オクターブ」の発見の瞬間です。オクターブの場合は弦の長さの比が２：１と非常に単純な比率ですが、ピタゴラスらは、この比率が単純であればあるほど二つの音の協和度が高いことを発見したのです。

例えば、一定の長さの弦と、その２／３の長さの弦を同時に鳴らすと、とても協和した響きを出します。弦長比でいえば３：２です。これは、現代の音楽記号でいうドとソの音程（完全５度）に相当します（図１－３）。ピタゴラスは、弦長を２／３ずつ短くしていくことで、完全５度ずつ高い音を見

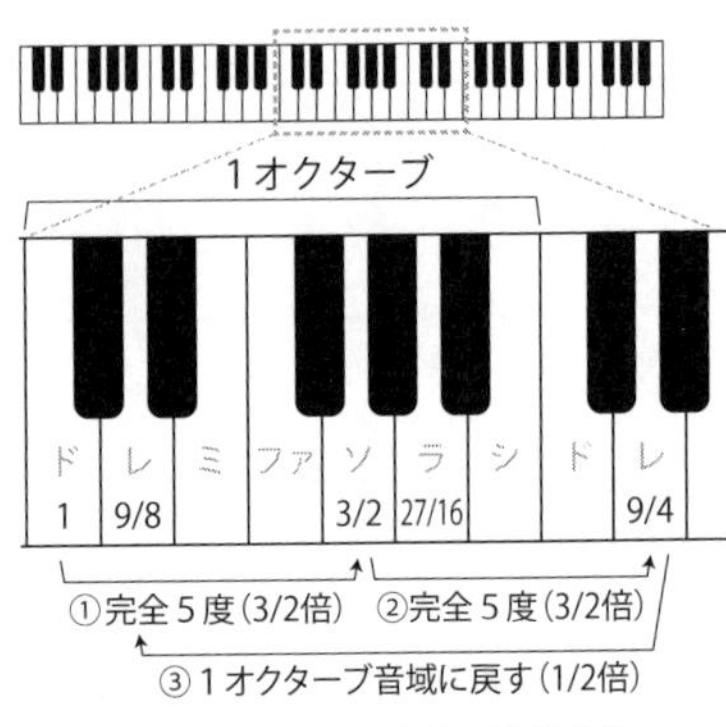


図１－４　ピタゴラス音律の計算方法

つけていきました。つまり、ドの弦長の2／3はソ、ソの弦長の2／3はレ、レの弦長の2／3はラ……という感じです（図1－4）。これを使ってオクターブの中に何個音があるかを探りました。最初の音を1とした場合1オクターブ上の音は2になります。この1～2の中に何個音があるかを探るわけです。

実際には、弦の長さではなく弦が1秒間に振動する回数である「振動数」で考えます。この振動数は、いわゆるピッチ（周波数）の単位であるHz（ヘルツ）に相当します［注3］。振動数は弦の長さの逆数で計算することができます。つまり、弦の長さが1／2になれば、振動数は2倍になります。ギターなどの弦楽器を演奏する人ならほとんどの人が知っていることかもしれません。

先程も述べたように完全5度は弦長を2／3ずつ短くしていくので、振動数は3／2ずつ高くなることになります。これを繰り返していくと、完全5度上のソの音は3／2（図中①）、さらに完全5度上のレの音は3／2×3／2＝9／4になります（図中②）。値が

2以上の場合は、オクターブを超えてしまっているので、半分にし、9／4×1／2＝9／8になります（図中③）。

## 音楽の裂け目

ここからが重要です。ドを起点として完全5度の音程を次々と重ねていくと、12回まで達したときシのシャープにたどり着きます。通常現代のピアノではシのシャープはドと同じものですので、もとのド音の高さを1とした場合、シのシャープは2にならなければなりません。しかし、3／2を12回繰り返したときの数は、2・027286 53……となり、2より少し高い値になってしまいます［注4］。この2との差は、どのくらいのものなのでしょうか？

2との差をセントという単位で表すと、23・460セントになります。この23・460は一般に「ピタゴラスコンマ」と呼びます。半音がちょうど100セントなので、この23・460セントは、半音の約1／4（23・460／100セント）分高いことを意味します。つまり、ピタゴラスの手法で1オクターブ内の音階を作ろうとすれば、シのシャープはドより半音の約1／4分高くなってしまいドに収束することができず、無数の音階ができ上がってしまうのです。

「音楽の調和が世界に調和をもたらしている」と信じていた当時の学者らは、この問題は見過ごすことができませんでした。なぜなら、音楽の最も重要な基盤をなす「音律」の計算が、綺麗に1オクターブ内に収まらず、ずれ（ピタゴラスコンマ）が生じてしまうということは、音楽が調和していないということを指します。これでは「世界に不調和」をもたらしかねません。特に、完全5度8回と1全音から生まれる音程差1・954セントは「スキスマ」と呼ばれています。[11] このスキスマは「裂け目」という意味があり、宇宙の裂け目とも成りかねないとして多くの学者たちの頭を悩ませました。

このピタゴラス音律の「裂け目」の問題をなんとか解決すべく、多くの音楽学者たちは新しい音律を探求しました。そして生まれたのが「倍音」構造を使った「純正律」です。

## 倍音とは？

ハ長調でいうドとミとソを同時に鳴らしたときに生じる和音を「基本3和音」と呼びます。その名の通り最も基本といえる和音です。[12] 濁りのない綺麗な響きを呈します［注5］。

一方、ドとドのシャープとレ（半音1個分と全音1個分）を同時に鳴らすと音は濁って聴こえます。なぜ、和音には濁った響きと綺麗な響きが存在するのでしょうか。これには、音と音の振動数比（または弦長比）が関係しています。

音と音の振動数の比が単純であれば、その音程は綺麗なハーモニーになります。例えば、先にも述べたようにオクターブの和音（低いドと一オクターブ高いド）は1：2の振動比ですので、最も協和した和音になります。完全5度の和音（ドとソ）も2：3の振動比で綺麗なハーモニーを呈します。では、基本3和音の中にあるドとミの長3度の和音はどうでしょうか？

ピタゴラス音律では、ドに対するミの音は完全5度（3／2）を4回繰り返したものですので、それをオクターブ内におさめる（2以上になったら1／2を掛ける）と、長3度の和音（ドとミ）の振動比は64：81となり、綺麗な振動数比にはなりません［注6］。

この問題を解決すべく、音楽学者らは「倍音」というものに注目しました。倍音とは、音の高さを決定するピッチ（振動数や周波数）に対し、整数倍の周波数をもつ音成分をいいます。ほとんどの楽器音は倍音を有し、この倍音構造が「音色」を決定します。私たちの耳でも感じとれるもので、本来一つの音に対して音の高さは一つしかないにもかかわらず、それより高い音がかすかに聴こえるはずです。

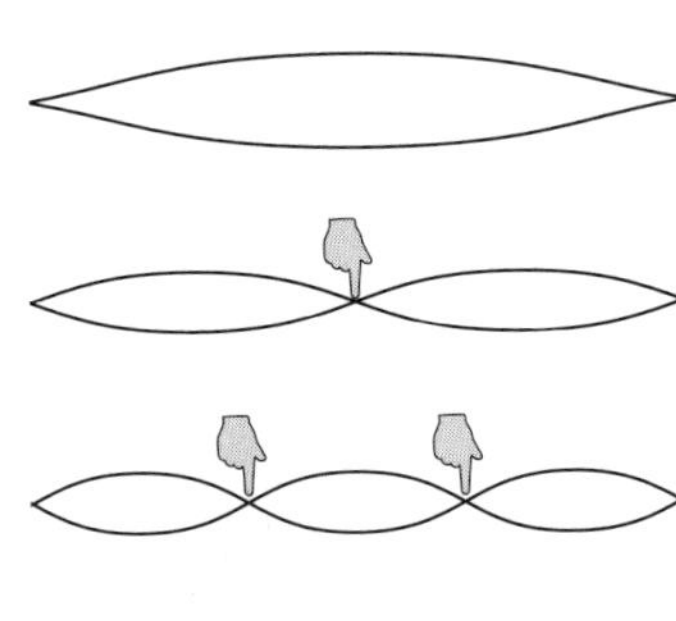

図1－5　倍音の仕組み

倍音は一つだけではなく、整数倍のあらゆる音が共鳴しています。この倍音構造のことを自然倍音列といいます（図1－5）。例えば、第2倍音は周波数に2を掛けたもので、ピッチ周波数（第1倍音）とオクターブの音程を呈します。周波数比でいえば、1：2でピタゴラス音律と同じです。また、完全5度（ドとソ）の和音は第2倍音と第3倍音で出現しています。周波数比でいえば2：3で、これもピタゴラス音律と同じです。

音楽学者らは、この整数倍の自然倍音列を用いて、綺麗な周波数比をもった長3度和音もつくろうとしました。

**純正律の発見**

図1－6にあるように、ドとミの長3度音程は自然倍音列の第4倍音と第5倍音で出現します。よって、周波数比は、4：5になります。ピタゴラス音律による周波数比

図1－6　自然倍音列と純正律

64：81と比べて、はるかに綺麗な比率なのがわかると思います。基本3和音の中のミとソの短3度の音程も、第5倍音と第6倍音で出現するので、周波数比は、5：6です。こちらも綺麗な比率ですね。このように、自然倍音列を用いることで、ピタゴラス音律よりも綺麗な和音を作ることに成功しました。

この自然倍音列を用いた音律を「純正律」と呼びます。純正律は自然倍音という「自然物理現象」に従って調律されており、周波数比がとても綺麗であるため、響きもとても綺麗です。バッハやモーツァルトの時代の音楽は、この純正律が用いられていたといわれています。

今私たちは当時のクラシック音楽を、後述する「12平均律」という調律法で演奏することがほとんどです。しかし、たとえ同じ曲でも純正律で奏でたときと平均律で奏でたときとでは、響き方が大きく違います。つまり、今私たちが聴いているバッハやモーツァルトの曲（平均律）は、当人らが意図したかったニュアンス（純正律）とは違う可能性があります。

機会があれば、是非、純正律と平均律を聴き比べてみてはいかがでしょうか。彼らが意図したかったニュアンスを知ることで、新しい発見があるかもしれません。

## 転調で起こる問題

純正律は周波数比がとても綺麗であることや、自然倍音列という自然物理現象の法則に従っているため一見完璧な調律法のように見えます。しかし、純正律にも欠点があります。例えば、同じ半音程でも音の高さによって違う音程が生まれてしまうことです。

例えば、図1－6の13倍音のラと14倍音のシのフラットの半音程の振動数比（周波数比）は13：14です。一方で、その次の14倍音のシのフラットと15倍音のシの半音程の振動数比（周波数比）は14：15になっています。これは、半音程だけでなく全音程（半音2個分）でも同様です。7倍音のシのフラットと8倍音のドの周波数比は7：8なのに対し、8倍音のドと9倍音のレの周波数比は8：9になります。このように、同じ半音程、全音程でも、音の高さによって音の隔たりが変わってきます。

では、これの何が問題になるでしょうか？　童謡『チューリップ』の音楽を例にとって

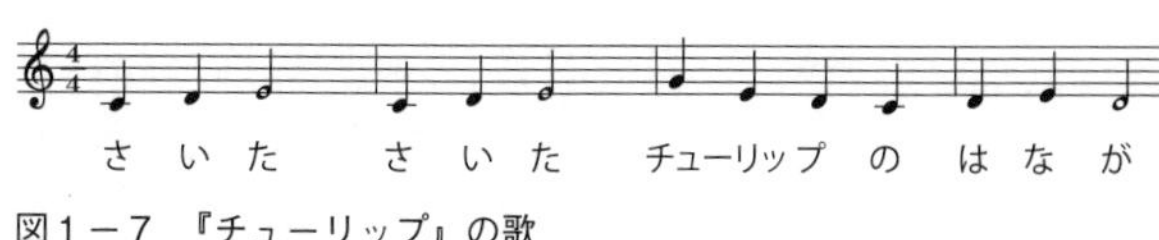


図1－7　『チューリップ』の歌

みます（図1－7）。最初のフレーズ「さいた、さいた……」は、ハ長調で表すと「ドレミ、ドレミ……」になります。これを「純正律の周波数比」で表せば、ドレミの音程は8：9：10となります（図1－6の8倍音、9倍音、10倍音）。

では、これをト長調に「転調」してみましょう。そうすると、「さいた、さいた……」は、「ソラシ、ソラシ……」となり、純正律の周波数比に基づく音程は12：13：15になります。先程のハ長調（8：9：10）と比較してみると、12は8の1・5倍ですので全てを1・5倍にすると、12：13・5：15にならなければなりません。

しかし、2番目の音は実に0・5（13・5－13）もの音程の違いが出てしまいます。つまり、純正律で転調すると、元の曲とは違う曲ができあがってしまうのです。

## 平均律の発見

転調の問題を解決すべく、純正律の登場後にも様々な音律が考案されていきます。その中で、現在私たちが用いている「平均律」が登場します。

平均律の立役者の一人として重要な人物に、先にも紹介した音楽家のヴィンチェンツォ・ガリレイがいます。リュート奏者だった彼は、リュートの（ギターも同じですが）フレットの位置を決める法則を導き出すべく、平均律を考案しました。[7] ガリレイが1581年に考案した平均律は、半音を音程比を音の高さにかかわらず全て17：18（98・95セント）に統一するというものでした。[13] 周波数比でいえば、1・05882になります。これはほとんど現代の平均律（100セント、周波数比1・05946）と同じです。

その後、平均律の計算に2の12乗根の数値（12平均律）を用いることを提案したのは数学者シモン・ステヴィンだといわれています。[14] 実は、ステヴィンは天文学者ガリレオ・ガリレイよりも早く落下の法則を発見したり、ヨーロッパで初めて小数を提唱したりした人物としても有名です。[15] シモン・ステヴィンは、1オクターブ内の12個の音の振動数比が全て均等になるようにしました［注7］。

再び、『チューリップ』の音楽を例に挙げてみましょう（図1-7）。最初のフレーズ「さいた、さいた……」を、ハ長調からト長調で転調したとき、「さいた、さいた……」は、「ドレミ、ドレミ……」から「ソラシ、ソラシ……」となります。しかし、12平均律では、

| 階名 | ピタゴラス音律 | | 純正律 | | 12平均律 | | |
|---|---|---|---|---|---|---|---|
| | 周波数比 | | 周波数比 | | 周波数比 | | セント |
| ド | 2 | 2.0 | 2 | 2.000 | $2^{12/12}$ | 2.000 | 1200 |
| シ | 243/128 | 1.898 | 15/8 | 1.875 | $2^{11/12}$ | 1.888 | 1100 |
| | | | | | $2^{10/12}$ | 1.782 | 1000 |
| ラ | 27/16 | 1.688 | 5/3 | 1.667 | $2^{9/12}$ | 1.682 | 900 |
| | | | | | $2^{8/12}$ | 1.582 | 800 |
| ソ | 3/2 | 1.500 | 3/2 | 1.500 | $2^{7/12}$ | 1.498 | 700 |
| | | | | | $2^{6/12}$ | 1.414 | 600 |
| ファ | 4/3 | 1.333 | 4/3 | 1.333 | $2^{5/12}$ | 1.335 | 500 |
| ミ | 81/64 | 1.266 | 5/4 | 1.250 | $2^{4/12}$ | 1.260 | 400 |
| | | | | | $2^{3/12}$ | 1.189 | 300 |
| レ | 9/8 | 1.125 | 9/8 | 1.125 | $2^{2/12}$ | 1.123 | 200 |
| | | | | | $2^{1/12}$ | 1.060 | 100 |
| ド | 1 | 1.000 | 1 | 1.000 | $2^{0/12}$ | 1.000 | 0 |

図１－８　ピタゴラス音律、純正律、平均律の比較。下のドを基準にしたときの周波数比とセント値

全ての半音程が同じ程度離れているので、ソラシの音程は、ドレミの音程と変わりません（図１－８）。このため、単純に全ての音を同じように高くするだけで歌うことができるのです。12平均律の発明により、1オクターブ内の12個の音の半音程の振動数比が全て均等になりました。

現代の音楽では、ほとんどの人はこのシモン・ステヴィンの12平均律に現れる音しか耳にしていないため、12平均律に順応した脳といえます。現代のような平均律が普及したからこそ、私たちは一つの曲を自分の歌いやすいように様々に転調して歌えるようになり、音楽がより身近になりました。

## 調の個性

音楽には、「調」というものがあります。調とは、曲の主音（＝音階の1番目の音）が何であり、長音階と短音階のどちらが用いられているかを表す言葉です（図1－9）。例えば、ハ長調という調は、主音がド（日本ではドレミファソラシドをハニホヘトイロハで表す）の長調ということを表します。このように、音楽の「調」には個性があります。

今私たちは、あらゆる楽曲を12平均律で演奏しています。12平均律は、全ての半音の高さの隔たりを均等に分けているため、調の個性は、長短調以外では、主音の高さしかありません。つまり、ハ長調（ドから始まる長調）とト長調（ソから始まる長調）の違いは、ト長調はハ長調より全体的に半音7個分高いというだけです。

調によって全音や半音の音程が違うことで、調の個性を強く表現することができます。しかし、12平均律の登場によって、全ての音階はハ長調の平行移動になってしまいました。平均律のように半音の音程が全て同じになると、同じ音階がただ高さの平行移動になってしまい、音の全体的な高さ以外で調の個性を表すことができません。

12平均律の発明によって、1オクターブを12個の音の高さに均等に分け、音楽を扱いやすくすることができました。しかし、ここで忘れてならないのは、1オクターブの音の中には本来、12個だけでなく無限に音が存在しているということです。

例えば、ピアノの鍵盤における真ん中のドの下のラは220Hz、その1オクターブ高いラは440Hzですが、この1オクターブの中には、単純計算でも220個（440Hz－220Hz）の音の高さが存在しています。12平均律では、その中のほんの12個しか採用していません。12平均律に支配された現代の音楽からは、他の200以上の音の高さを聴くことができないのです。現代の人間の聴覚機能も、12平均律によって発達してきたため、12平均律発明以前の人間

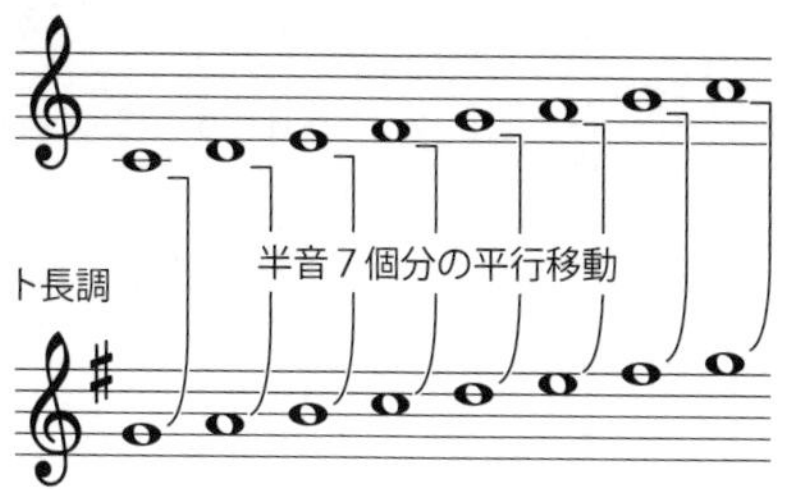


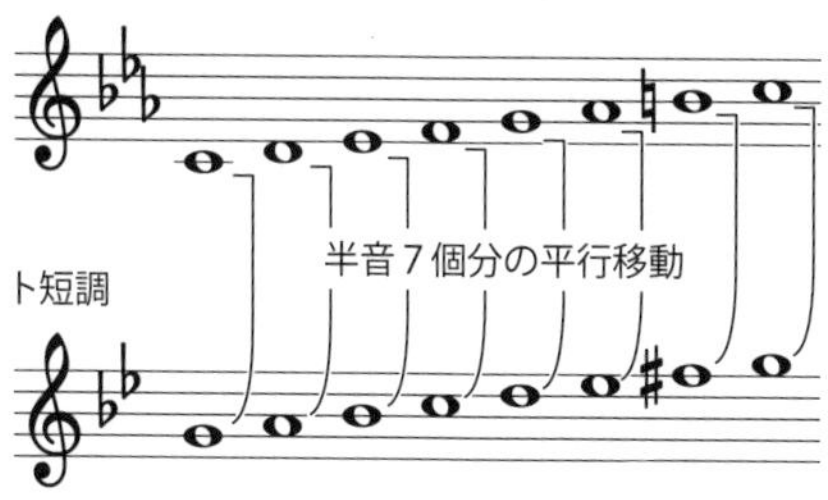


図1－9　長調と短調

の聴覚より衰えていると考えることもできるでしょう。

## 周波数と人間の耳

純正律と平均律の議論で重要な人物の一人として、物理学者ヘルマン・フォン・ヘルムホルツ（1821-1894）がいます。ヘルムホルツは、エネルギー保存の法則や、自由エネルギーの提唱者として、高校の教科書などでは必ず登場する人物です［注8］。実は、ヘルムホルツは、音楽においても重要な貢献をしました[5,6]。彼の物理学、生理学論文は、まるで音楽学の論文かのように五線譜や音符を頻繁に使用しています。

例えば、ヘルムホルツは、音色が倍音の種類、数、強さによって決定されることや、ピアノの弦が特定の周波数に共鳴して振動するのと同様に、耳の特定の器官［注9］を支える基底膜が特定の周波数の音に共鳴して振動すること、周波数比が単純でない不協和音では音のうなりが生じることなど、現代の音楽理論と人間の耳の機能の関係に関して多くの発見をしました。

ヘルムホルツの時代では、すでに音楽は平均律を用いるのが通例になっていました。しかし、ヘルムホルツの理論に基づけば、平均律による和音は完全に綺麗な周波数比とはならず、全て微妙にうなりが生じます。つまり、ヘルムホルツは合理主義的な12平均律が社会に浸透しつつあるなか、純正律の正当性を人間の聴覚機能、物理的側面から主張した人物ともいえます。

一方で、ヘルムホルツは、平均律は人間の聴覚に完全には適合しないとわかっていながらも、平均律の代表的な楽器であるピアノの世界三大ブランド「スタインウェイ」の制作に関わっています。[6] 当時ヘルムホルツは、科学的側面と社会的合理性の狭間にいたのです。

そんな中、ヘルムホルツの理論を実際に楽器で再現しようと試みた、一人のヘルムホルツの日本人弟子がいます。森鷗外（もりおうがい）らとドイツ、ベルリンに留学し、ヘルムホルツの元で物理学と音響学を学んでいた田中正平（たなかしょうへい）です。田中は、物理学者であると同時に作曲家でもありました[注10]。田中は、ヘルムホルツから学んだ人間の耳の機能に基づいて、人間に適合した「純正調オルガン」という楽器を制作しました。[16] まさに、人間の聴覚に完全には適合しないとわかっていながらも平均律楽器「スタインウェイ」の開発をし、科学的側面と社会的合理性の狭間にいたヘルムホルツの願いを叶えた人物といえます。

また、田中はそれだけでなく、ドイツから帰国後は日本伝統音楽の研究もしています。特に、日本伝統音楽の五線譜化を進め、西洋音楽と日本の伝統音楽の融合に多大な貢献をしました。[17] そうした中で生まれたのが、日本の誇る現代音楽家、武満徹の『ノヴェンバー・ステップス』といえます。

武満徹はこの曲にて、初めて和楽器（琵琶や尺八）をオーケストラに取り入れました。そして、ニューヨーク・フィルハーモニックによって初演され、国際的な名声を獲得するきっかけとなりました。このようなことも、合理性より自然物理に従ったヘルムホルツ、そしてヘルムホルツを師にもつ物理学者の田中正平が、日本伝統音楽の研究に力を入れなければ実現しなかったかもしれません。

## 無調音楽は存在する？

これまで音楽の音律や音階と数学についてお話ししてきました。しかし、ここで改めて疑問に思うのが、そもそもハ長調などのような「調」というのは、自然界に普遍的に存在しているものなのでしょうか。それとも、人間の知恵によって生み出された産物なのでしょうか？

音楽から調性を取ったような音楽を「無調音楽」といいます。ですから、「ハ長調」などのように、その曲の調性を言い表すことができません。フランツ・リストは1885年作曲の『無調のバガテル』で、音楽史上初めてこの「無調」という言葉を使ったと言われています。

無調音楽を語る上で欠かせないのは、ロマン派後期から近代にかけて活躍した作曲家アルノルト・シェーンベルク（1874－1951）です。彼は、西洋音楽理論の根底となる「調性（長調や短調等）」を脱すべく、無調音楽「十二音技法」を生み出した人物です。十二音技法は、他にセリエリズム、セリー音楽などとも呼ばれます［注11］。十二音技法を大雑把に説明すると、1オクターブに含まれる12個の音を一つずつ使って音列を作り、それを基盤に半音ずつ変えた12個の音列、そしてその反行形（音程関係を上下逆にしたもの）や逆行形（元の音列を最後から最初の音へ逆から読んだもの）の音列などを作り、それを材料にメロディーや伴奏を作るという手法です［注12］。これらを全て足すと、12×4＝48種類もの音列を作ることができます（図1－10、1－11）。実は、この音列の「逆行」を使うというのは、シェーンベルクよりもはるか昔、バロック時代でも用いられていました。しかしその後、ロマン派へ移行するにつれて、和声の響きが重視されるようになり、音列を逆行することができなくなったのです。シェーンベルクは、このバロック時代のテクニックを復活させた人物とも言えるでしょう。

反行逆行形

図１－10　十二音技法の音列

図１－11　シェーンベルク「ピアノのための組曲Op25」より。破線で括られた部分が、12音を全て一つずつ用いたフレーズになっている

　発表された当時は、十二音技法は既存の西洋和声理論に変わる理論になり得るのではないかと大きな期待が寄せられました。アントン・ヴェーベルンやアルバン・ベルクといった直弟子だけでなく、アルノルト・ストラヴィンスキーなど後代の作曲家にまで影響を及ぼしています。クラシックピアニスト史上最も個性的で最も奇才な存在の一人として知られるカナダ人ピアニスト、グレン・ハーバー

ト・グールド（1932－1982）も、シェーンベルクに対する評価が極めて高く積極的に取り上げ多くの演奏記録が残っています。一昔前には、「無調こそが今後の音楽の進むべき未来である」とまで言われ、多くの作曲家らが無調音楽を作り出しました。しかし、現代音楽の巨匠、アメリカのジョン・ケージ以後、セリエリズムはあまり流行らなくなりました。

興味深いことに、十二音技法の曲を初めて聴くと、あまりの難解さに音楽として楽しむことも難しいのですが、たくさん聴いていくと、徐々にその奥深さが堪能でき、最後には私たちが普段音楽に感動するのと同様に感動することができます。まさしく、私たち人間の脳が無調音楽に順応できることを示しているといえます［注13］。一方で、音楽学者の間では、無調とは全ての調を含んでいるということであると主張する者もいます。シェーンベルクにしても、無調という言葉の代わりに「汎調性」という言葉を使っています。

もし、紀元前500年以上も前にピタゴラスが音律を発見していなかったら、私たちの脳は無調音楽を聴くために発達していたのかもしれません。そして、もし、ロマン派後期から近代の作曲家が、逆に音律と音階を初めて発見し、その音楽を現代の私たちの脳が聴いたら、もしかしたら奇妙な音楽、難解な音楽と感じたかもしれません。

もちろん、調性は脳が普遍的に保有する認知機能であるという研究報告も多数なされています。このため、調律は人間が獲得したものなのか、本来もっていた機能なのかという疑問に対する完全な結論には至っていないといえます。

## 音の並び方と数学

### 聖なる数字

音楽は音律や音程だけでなく、他の箇所でも数学と関係しています。音楽の父ヨハン・セバスチャン・バッハ（1685－1750）は、キリスト教において重要な数字（3や7など）を自身の作曲に使用したり、アルファベットを数字に置き換えて作曲の暗号に用いたりしました。

特にバッハが作曲した曲の中には、14という数字がたくさん暗号的にちりばめられています。アルファベットのAから順番に数字を対応させると、BACHのBが2、Aが1、Cが3、Hが8で合計14になります。このことから、バッハは14を自分の数字と考えてい

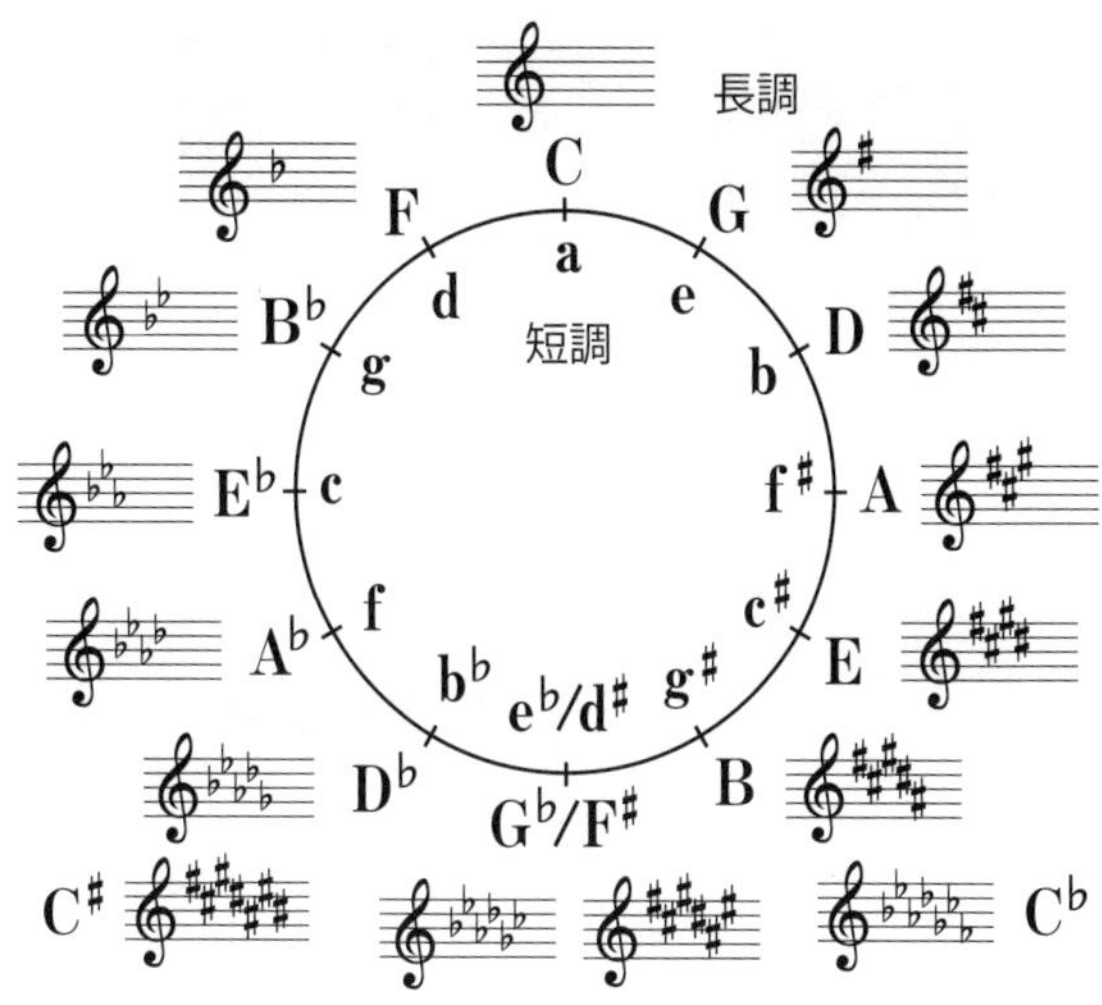


図1－12　24個の全長の関係。[18] から抜粋、編集

ました。

例えば、『平均律クラヴィーア曲集』の最初の曲の初めのフレーズです。平均律クラヴィーア曲集とは、長調短調各12ずつ、24の調全て（図1－12）のプレリュードとフーガのセットをハ長調から順番に収めたものです［注14］。「ピアノの旧約聖書」とも呼ばれるほど、現在までのクラシック音楽において最も重要な曲集ともいえるでしょう（ちなみに新約聖書はベートーベンの『ピアノ・ソナタ』です）。

この曲集の一番最初の曲、第1巻の第1番ハ長調の4声フーガでは、フーガ主題は「ドーレーミーファーソーフ

図１－13　『平均律クラヴィーア曲集』第１巻の第１番のフーガ。[19]から抜粋

ァーミーラーレーソーラーソーファーミ」と、計14個の音から成っていいます（図１－13）。このことから、この曲は、『平均律クラヴィーア曲集』へのバッハの署名とみなされています。

## 確率と音楽

数学の理論を直接的に作曲に応用した人物として有名な人物にヤニス・クセナキス（１９２２－２００１）がいます。クセナキスは元々、大学で数学を学んだあと建築家ル・コルビュジエの弟子として建築に携わっていました（図１－14）。

一方で、作曲への興味が強く、建築家として働く傍らパリ国立高等音楽院（Conservatoire de Paris）にて作曲を学びました。ここで、20世紀最大の作曲家の一人であるフランス人作曲家オリヴィエ・メシアン（１９０８－１９９２）に作曲方法を師事します。このときクセナキスはメシアンから、彼の強みである数学を作曲に応用してみてはどうかとアドバイスを受け、これをきっかけに作曲に数学の理論を応用した方法を次々と発案していきます。

彼のデビュー曲ともいえる『メタスタシス』は、横軸を時間、縦軸を音の高さとして、音響の変化をグラフ化して作曲したオーケストラ曲で、当時はもちろん現代においても非常に斬新な楽譜です（図1－15）。彼はこの曲をドイツのドナウエッシンゲン音楽祭にて披露し、鮮烈なデビューを飾りました。

また、数学の記号論を応用した音楽『ヘルマ』は、彼の弟子の高橋悠治（たかはしゆうじ）のために書かれ

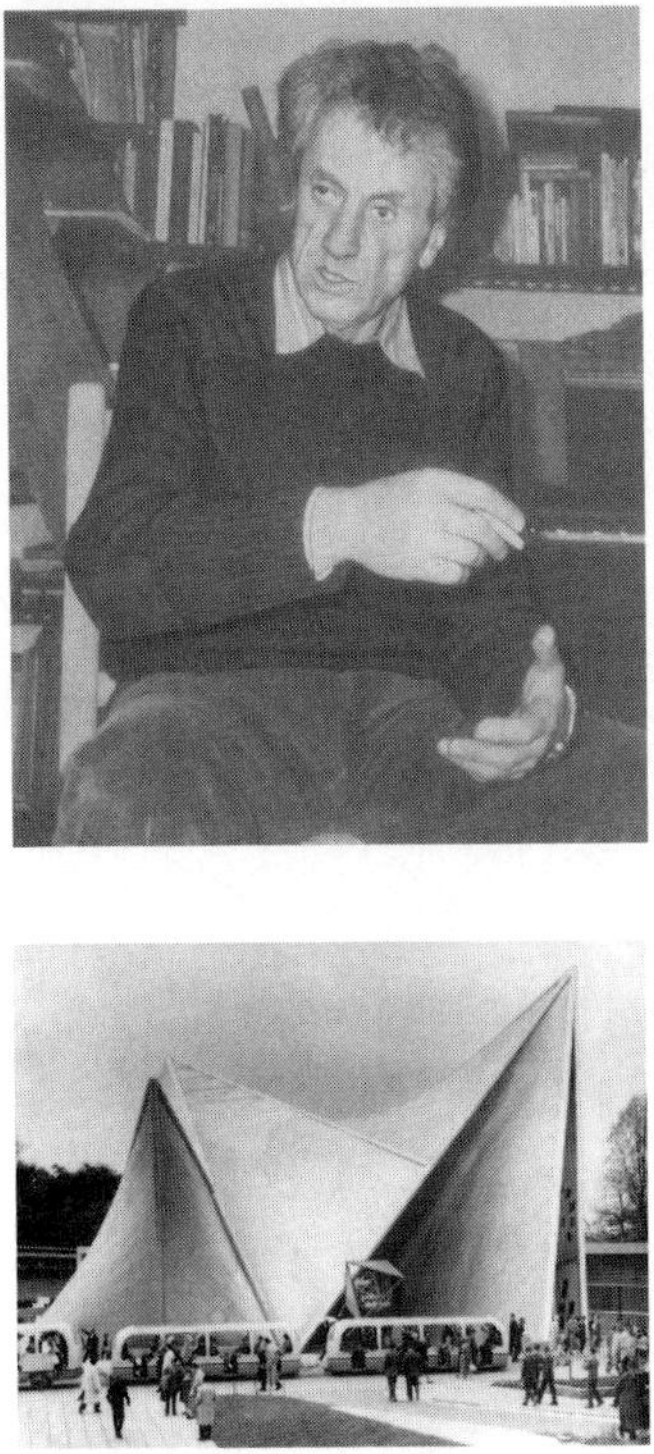

図1－14　ヤニス・クセナキス（上）とヤニス・クセナキスが設計したブリュッセル万博フィリップス館

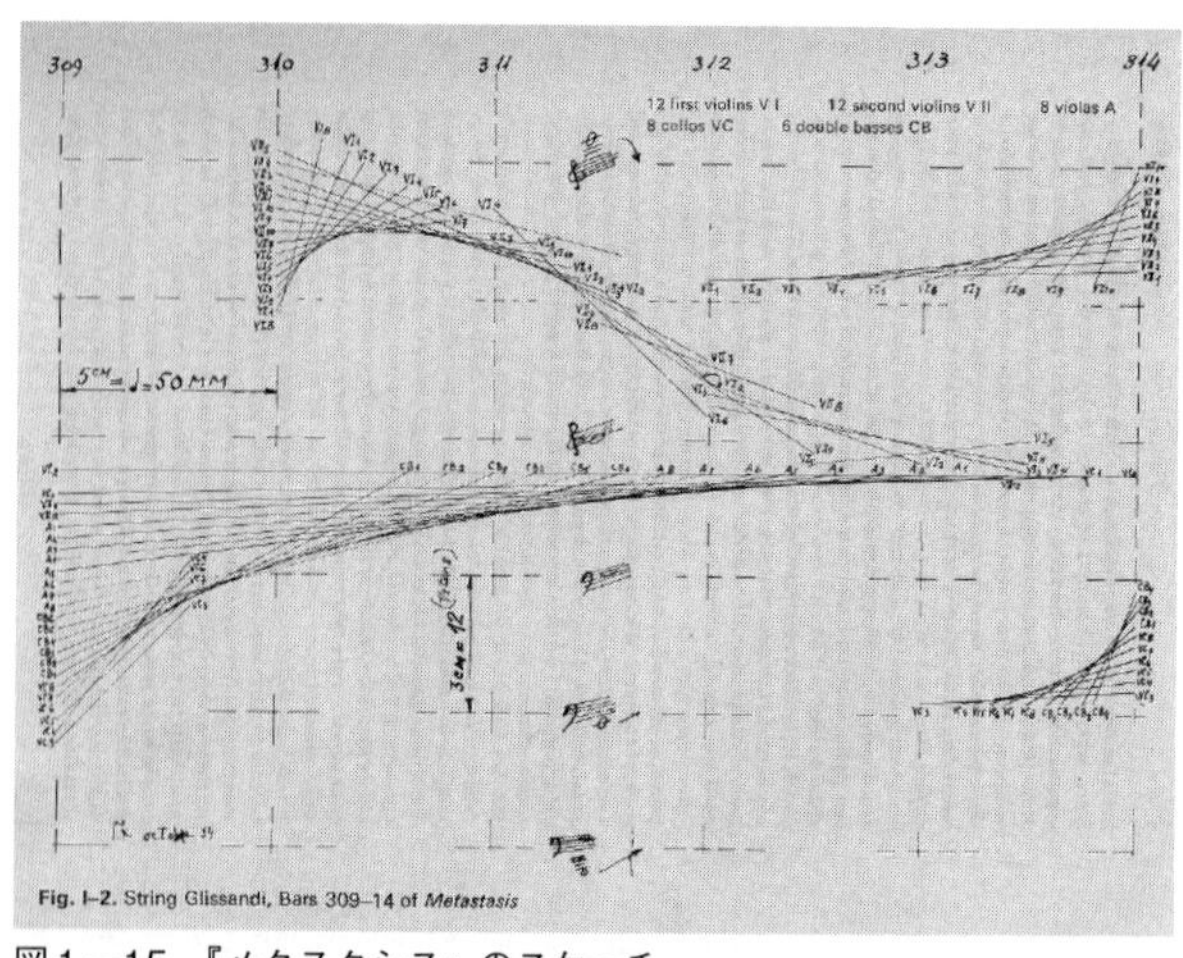

Fig. I-2. String Glissandi, Bars 309–14 of *Metastasis*

図１－15　『メタスタシス』のスケッチ

ており、高橋はそれに応えるかのごとく世界に先駆けて生演奏で披露し、世界を席巻しました。筆者もその一人で、演奏を初めて視聴したときは、脳天を突き破られたような、自分の世界の狭さに絶望を感じさせられたような強い衝撃を受けたものです。正直、筆者はこの『ヘルマ』をきっかけに「脳科学に基づく新しい音楽を創ろう」と思い今に至っています。クセナキスは、音楽家にはない数学の知識を音楽に応用することで、音楽家だけでなく他の芸術家にも、そして科学者にさえも衝撃を与えたのです。

他にも、音楽を数学や確率によって作曲した人物は多くいます。代表的な例として、モーツァルトの『音楽のサイコロ遊び（K.

516f)』です。この曲では、まずサイコロを2個転がし、出た数字を足します。サイコロは、1から6まで目があるので、組み合わせは、全部で2から12まであります。その、足した数字と同じ番号の小節にある音符を書いて白紙の楽譜を埋めていくというものです。全16小節で一曲完成となりますが、これによって作った曲が、なんとなくモーツァルトっぽくなるという不思議な体験ができます。

## 脳と数学

筆者は、バッハの『平均律クラヴィーア曲集』を研究したことがあります。手法は主に、機械学習的手法を用いた楽譜解析(データマイニング)によって、音楽学的な知見を得るというものです。このあとにも述べますが、人間の脳には「統計学習」という、情報の統計値を無意識に計算して記憶するメカニズムがあり、[20]特に、情報の統計的な「複雑さ(不確実性)」を計測するメカニズムがあるといわれています。[21,22]

筆者は、この脳のメカニズムを計算モデルによって再現し、それを使ってバッハの『平均律クラヴィーア曲集』全曲の楽譜を解析したところ、[23]メロディーとベースの複雑さ(不確実性)に相関関係があることがわかりました。つまり、メロディーが統計的に複雑になればなるほど、ベースもそれに準じて難しくなるということを意味します。

この研究結果の面白い点は、最近の数学やＡＩの技術がないバッハの時代の曲でも、複雑な計算モデルに基づく「不確実性」の法則が曲の中に表れているという点です。当時発見されていなかった数学理論や脳のメカニズムを、バッハだけが知っていたとは考えにくいことです。つまりバッハは単に意識して数学を音楽に取り入れただけでなく、音楽を追求した結果、脳が無意識に行う計算機能（統計学習）によって、曲の中に複雑な法則性を生み出したと考えられるのです。

私たちの脳は、私たちが考えているよりも、また私たちが知っているこの世の最新の数学よりも、複雑で神秘的な計算をしています。例えば赤ちゃんは、最先端のＡＩを用いた自然言語処理よりも遥かに優れた言語学習能力をもちます。ＡＩが言葉を覚えるためには、膨大なデータ量と計算コストが必要ですが、赤ちゃんは成長とともに自然と言葉を話せるようになってきます。

この赤ちゃんの神秘的な言語学習メカニズムは未だ充分に理解されておらず、現代の最先端の数学理論を用いたＡＩでも再現することは非常に困難です。このように、私たちの脳は、意図的に操れる数学と、無意識に行っている未知の数学の両方を兼ね備え、それが音楽などの芸術作品にも自然と埋め込まれているのです。次にその例を一つ紹介したいと思います。

### 神の数式

真の芸術を追い求めた先に、自然の中に潜む数学の神秘が音楽に宿るということがあります。その代表的な例として「黄金比」があります。これは、1・618……という値で表され「黄金数」とも呼ばれています［注15］。

黄金比や黄金数は、自然界のありとあらゆる所に潜んでおり「神の数式」などと呼ばれることもあります。例えば、植物の葉のつき方、種子の形状、貝殻の渦巻、細胞の成長、蜘蛛の巣の形状などがそうです。この比は、自然界の美の象徴であり、人間が美しいと感じる比だといわれています。[24]

このことから自然界以外でも私たちの身の回りの至る所に黄金比が用いられています。例えば、名刺や書籍の縦横の比率、葛飾北斎（かつしかほくさい）の富嶽（ふがく）三十六景「神奈川沖浪裏」にも黄金比が取り入れられているといわれています。

黄金比と非常に関係の深いものに「フィボナッチ数列」というのがあります。イタリア

1 , 1 , 2 , 3 , 5 , 8 , 13 , 21 , 34 , 55 , 89 , 144 …

1 + 1 = 2

1 + 2 = 3

2 + 3 = 5

3 + 5 = 8

図1－16　フィボナッチ数列と黄金比

の数学者レオナルド・フィボナッチ（１１７０－１２５９頃）が提唱したもので、[25]２００６年のアメリカ映画『ダ・ヴィンチ・コード』でも取り上げられている有名な数列なので知っている人は多いと思います。

簡単に説明すると、フィボナッチ数列は隣り合う数字の比が黄金比に近づいていくような数列のことです。実際の数列は図１－16のようなもので、数学的法則性としては、１から始まって直前二つの数字を足していった数列になります。この図のフィボナッチ数列の隣り合う数の比を次々に計算してみます。３を２で割ると１・５、５を３で割ると１・６７、８を５で割ると１・６になりますね。こうして隣り合う数の比を求めていくと、次第に黄金比である１・６１８に収束していきます。

数学者のフィボナッチは「ウサギの繁殖」を観察することでこの数列を見つけました。また、よく挙げられる例の一つとして、「木の枝分かれ」の仕方です。ほとんどの木はフィボナッチ数列によって枝分かれしていくそうです（図1－17）。

実は、現代まで綿々と語り継がれる偉大なクラシック音楽にも、自然界に潜む神の数式「黄金比」や「フィボナッチ数列」が潜んでいることが多いといわれています。

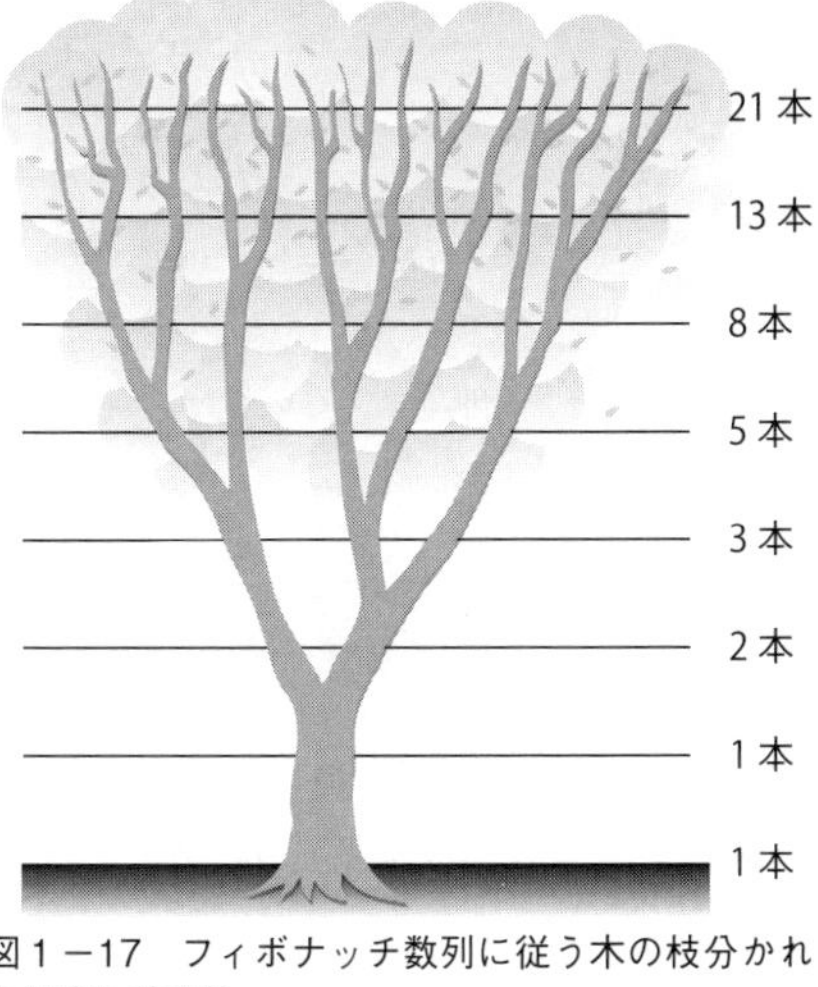

図1－17　フィボナッチ数列に従う木の枝分かれの仕方と黄金比

例えば、ハンガリーの作曲家バルトーク・ベーラ・ヴィクトル・ヤーノシュ（1881－1945）の代表作『弦楽器と打楽器とチェレスタのための音楽（Musik für Saiteninstrumente, Schlagzeug und Celesta）Sz. 106, BB. 114』の第1楽章は、5、13小節目に完全5度ずつ上で主題が登場します。そして、最初の盛り上がりが21小節、次が34小節、クライマックスが55小節、全体で89小節となっており、フィボナッチ数列に出てくる数字が潜んでいます［注16］。

バルトーク自身はそのことに言及していないため、これが意図的に使われたのか、または自然美と同様、音楽美を究極まで追い求めた結果、無意識に「黄金比」にたどり着いたのかは定かではありません。ただし少なくとも自然界において木自身はフィボナッチ数列のことを知らないでしょう。

音楽も自然の美を音で表現したものだと捉えれば、音楽を究極まで追い求めた結果その構造を知らずして神の数式「黄金比」にたどり着くのかもしれません。

## 脳とリズム

これまで、音程、和音、音高など、音楽の空間芸術の側面からお話ししてきましたが、近年、音楽の時間芸術であるリズムに関する数学的法則性も明らかになってきました。特に、近年では脳科学的知見から音楽のリズム構造を明らかにしていくアプローチが多く、脳とリズムに関する様々なことがわかりつつあります。

脳は、寝ているときも起きているときも、24時間休むことなく活動しています。この脳の活動のメカニズムは脳波計によって観測することができます。脳波は、様々なリズム

（アルファ波など）からなっています。脳波リズムの周波数帯域によって、それぞれ異なる役割があると考えられています。

近年、音楽のリズムに脳波のリズムが同期することがわかってきました。さらに、この脳波の同期の強さが、その人の音楽の理解と相関しているのではないかと考えられています。筆者はケンブリッジ大学にて、この研究に従事しています。[26]

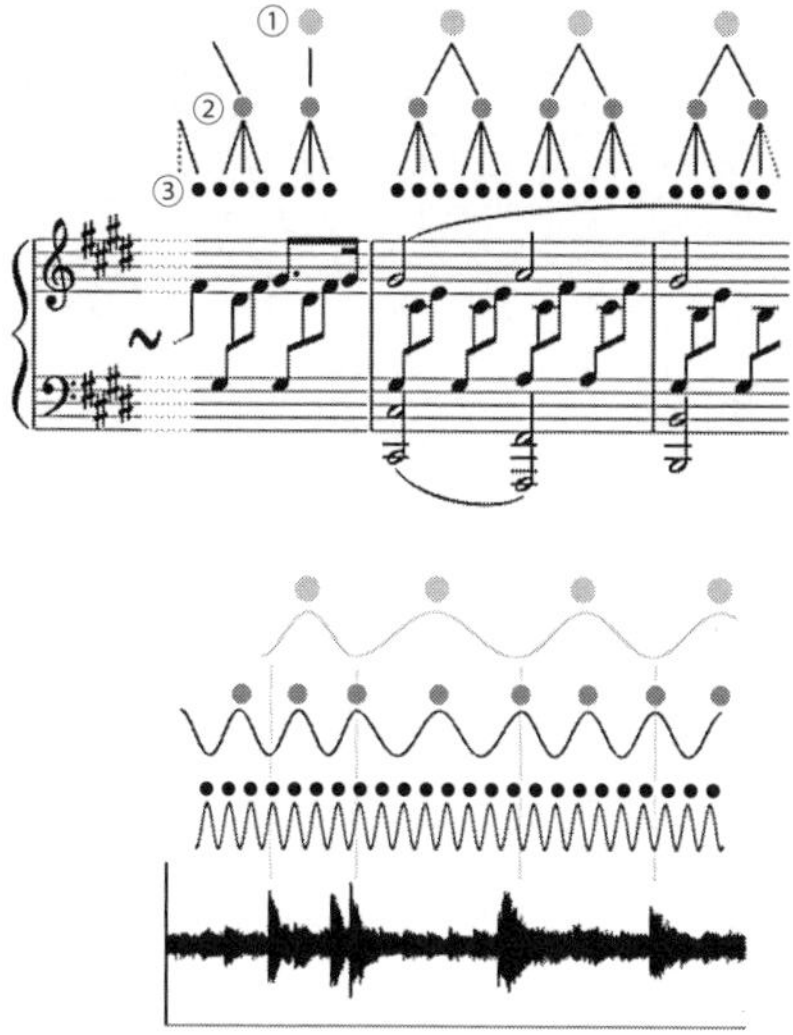

例えば、1秒間に1〜2回のリズムは、もちろん曲に依存しますが、大体2〜4分音符あたりの平均的な長さに相当します（図1－18の①②）。1秒間に1回のリズムは周波数で表すと1Hz、1秒間に2回のリズムは周波数で表すと2Hzとなるため、2分音符で刻まれるような音楽

図1－18　クラシック音楽のリズム階層構造。ベートーベン『ピアノ・ソナタ第14番嬰ハ短調』の一部を抜粋［26］

を聴取すると、大体1～2Hzの脳波のリズムが現れます。一方で、1秒間に4～8回のリズム（4～8Hz）は、大体16分音符、32分音符あたりの平均的な長さに相当します（図1－18の③）。このため、16分音符、32分音符で刻まれるような音楽を聴取すると、大体4～8Hzの脳波のリズムが現れます。このように、脳波は音楽のリズム構造を把握するために重要であり、このリズム構造を脳が理解したとき、音楽リズムに脳波が同期するといわれています。

前にも述べたように、ヘルムホルツは、ピアノの弦が特定の周波数に共鳴して振動するのと同様に脳の基底膜が特定の周波数の音に共鳴して振動することを明らかにしました。これは主に音の高さ（20Hz～）を認知するためのものです。また、人間の可聴範囲（耳で聴ける音の高さの範囲）は20Hz～16000Hzといわれています。しかし、近年の研究によると、脳はそれよりずっと低いリズムの周波数も認知していることが脳波によって示されています。

［注1］　スタインウェイ&サンズ、ベーゼンドルファー、ベヒシュタインの三つは、歴史や由緒、また音楽家より絶大の信頼と評価を得てきた最高峰ブランドで「世界三大ピアノブランド」といわれています。

［注2］　一方で、音楽を時間芸術、美術を空間芸術と捉えることもできます。

［注3］　ヘルツという単位名は、電磁気学において重要な貢献をしたドイツの物理学者ハインリヒ・ヘルツに因みます。１９３０年の国際電気標準会議で制定されました。特に日本では、つい最近（１９７２年頃）までは、「サイクル」という単位を用いていました。現代の一般的な調律の際のピッチの国際標準は４４０Hz（中央ド音の上のラの音）を用いますが、これは1秒間に４４０回振動する音の高さを示しています。１８３４年にヨハン・シェイブラーが推薦し、１９３９年にロンドンで行われたISAによる国際会議で決定しました。

［注4］　計算式は、$[3/2]^{12} \times [1/2]^{6}$=2.02728653…　になります。

［注5］　ドとミの長3度（半音4個分）、ドとソの完全5度（半音7個分）、ミとソの短3度の音程からなる（半音3個分）和音です。

［注6］　計算式は、$[3/2]^{4} \times [1/2]^{2}$=81/64= 1.265625　になります。

［注7］　$2^{x/12}$　の$x$の値を1から12まで当てはめたときの、12個の音が12平均律で用いる音になります。例えば、最初の音を1とした場合1オクターブ上の音は2（倍）になります。

［注8］　この時期は、ダーウィンによる進化論についての著書『種の起源』（１８５９年）が刊行された時期でもあります。[27]

［注9］　コルチ器（コルチ器官、ラセン器）といいます。音刺激を検知して周波数分析をしている器官です。

［注10］　現在の京都工芸繊維大学の前身である京都高等工芸学校の校歌などを作曲しています。

［注11］　セリーとは、音列を意味します。

［注12］　十二音技法は、西洋音楽の「調」の束縛から離れるべく編み出された作曲法です。よって、一般的には無調の音楽の一つとされるが、十二音技法は半音程が全て均一な12平均律なしでは成り立たない音楽でもあります。例えば、純正律では半音程の幅が音の高さによって違うため、逆行形にしても基本形とは厳密に逆さまの関係とはならないからです。

［注13］　十二音音楽は、一般的に「無調音楽」の一つとされていますが、十二音技法を用いることで一種の調にも似た「統一感」が得られることから、「十二音技法は一種の調である」と主張する学者もいます。

［注14］ 平均律クラヴィーア曲集（原題独・Das Wohltemperirte Clavier）の「平均律」はあくまで日本語で訳されたものです。原題の〝wohltemperiert（e）〟は鍵盤楽器があらゆる調で演奏可能となるよう「よく調整された（well-tempered）」という意味があり、必ずしも平均律を意味するわけではありません。

［注15］ 計算式は、1：$[1+\sqrt{5}]/2$=1：1.618033988… になります。

［注16］ ハンガリーの音楽学者レンドヴァイ・エルネーが、バルトークの音楽研究を通して発見し、論文で発表しました。

## 参考文献


1 Parker, H.（1890）. The seven liberal arts. *The English Historical Review, 5*（19）, 417–461.

2 Godwin, J.（1992）. *The harmony of the spheres: The pythagorean tradition in music.* Simon and Schuster.

3 James, J.（1995）. *The music of the spheres: Music, science, and the natural order of the universe.* Springer Science & Business Media.

4 Hubbard, T. L.（2021）. The Pythagorean comma and preference for a stretched octave. *Psychology of Music,* 03057356211008959.

5 Von Helmholtz, H., &Ellis, A.J.（1895）. *On the Sensations of Tone as a Physiological Basis for the Theory of Music.* Longmans, Green.

6 Hiebert, E.（2014）. *The Helmholtz legacy in physiological acoustics.* Springer International Publishing.

7 Walker, D. P.（1973）. Some aspects of the musical theory of Vincenzo Galilei and Galileo Galilei. In *Proceedings of the Royal Musical Association*（Vol. 100, pp. 33–47）. Cambridge University Press.

8 Bahn, P. G.(1998). *The Cambridge illustrated history of prehistoric art.* Cambridge University Press.

9 Conard, N. J., Malina, M., & Münzel, S. C.(2009). New flutes document the earliest musical tradition in southwestern Germany. *Nature, 460*(7256), 737–740.

10 Maor, E.(2019). *The Pythagorean theorem: a 4,000-year history.* Princeton University Press.

11 Barbour, J. M.(2004). *Tuning and temperament: A historical survey.* Courier Corporation.

12 島岡譲（1964）『和声―理論と実習（I）』音楽之友社

13 Vincenzo, G.(1581). Della musica antica et della moderna, In Fiorenza, Giorgio Marescotti, 1581.

14 Stevin, S. (1605). *Van de Spiegheling der singconst. Diapason.xentonic.org. 30 June 2009. Archived from the original on 17 July 2011. Retrieved 29 December 2012.*

15 Stevin, S., Gericke, H., & Vogel, K.(1965). *De thiende. Akademische* Verlagsgesellschaft.

16 篠原盛慶（2020）「田中正平の日本製の「純正調」オルガン――「廣義の純正調」――の具現化」『音楽学』65巻2号、73－89頁

17 田中正平（1941）「音程の正確表示に就て」『東洋音楽研究』2巻3号、179－188頁

18 Daikoku, T. (2019). Tonality Tunes the Statistical Characteristics in Music: Computational Approaches on Statistical Learning. *Frontiers in Computational Neuroscience, 13,* 70.

19 Bach, J. S. (1950). *Das Wohltemperirte Clavier Teil I BWV 846–869*(E.-G. Heinemann (ed.)). Henle, G. Verlag.

20 Saffran, J. R., Aslin, R. N., & Newport, E. L. (1996). Statistical learning by 8-month-old infants. *Science, 274*(5294), 1926–1928.

21 Hasson, U.(2017). The neurobiology of uncertainty: implications for statistical learning. *Philosophical Transactions of the Royal Society B: Biological Sciences, 372*(1711), 20160048.

22 Hansen, N. C., & Pearce, M. T. (2014). Predictive uncertainty in auditory sequence processing. *Frontiers in psychology, 5,* 1052.

23 Daikoku, T. (2019). Statistical learning and the uncertainty of melody and bass line in music. *PLOS ONE, 14* (12), e0226734.

24 Di Dio, C., Macaluso, E., & Rizzolatti, G. (2007). The golden beauty: brain response to classical and renaissance sculptures. *PLoS ONE, 2* (11), e1201.

25 Sigler, L. (2003). *Fibonacci's Liber Abaci: a translation into modern English of Leonardo Pisano's book of calculation.* Springer Science & Business Media.

26 Daikoku, T., & Goswami, U. (2021). Musical Rhythm across Western Genres arises from Hierarchical Temporal Modulation Structures that match the Structures found in Infant-and Child-Directed Speech. *bioRxiv,* 2020-08.

27 Darwin, C. (1859). On the Origin of Species by Means of Natural Selection, or the Preservation of Favored Races in the Struggle for Life (John Murray, London).

# 第2章　宇宙の音楽、脳の音楽

## 宇宙の音楽

### 3種類の音楽と人間

ピタゴラスら古代の学者らは、音楽を大きく3種類に分けました。3種類の音楽は独立して存在せず、段階を経ながら互いに調和し合っていると考えられていました。

1　器楽の音楽（ムーシカ・インストルメンターリス）
2　人間の音楽（ムーシカ・フマーナ）
3　宇宙の音楽（ムーシカ・ムーンダーナ）

まず一つ目は、人間が奏でることのできる「器楽の音楽（ムーシカ・インストルメンターリス）」です。これは、私たち人間の耳でも聴くことができる、いわゆる私たちが一般的に「音楽」と呼ぶものにあたります。古代の学者らは、器楽の音楽は三つの音楽の中で最も最下位のレベルと考えました。
その次のレベルの音楽は「人間の音楽（ムーシカ・フマーナ）」です。名前のとおり、これも人間が奏でることのできる音楽ではありますが、器楽の音楽のように人間が楽器を使って意図的に演奏するような音楽と違って、人間の音楽は、「人体の器官や臓器」そのものが発する音楽になります。また、器楽の音楽とは違い、私たちの耳では聴くことができないものとしています。

人間の音楽は、人間の心身を司り、魂や肉体の調和を表します。とくに精神と肉体の関係が協和的・不協和的に共鳴し合って発する音楽をいい、そのため、人間の音楽の調律が狂うと病気になったり、性格がゆがんだりすると考えられています。

そして最上位のレベルにあるのが「宇宙の音楽（ムーシカ・ムーンダーナ）」です。古代では、天体の運行が音を発し宇宙全体が和声を奏でているという発想がありました［注1］。この宇宙が奏でる和音こそが、「宇宙の音楽」に相当します。宇宙の音楽は、人間の心身の健康だけに留まらず、宇宙や世界の秩序（調律）を保つ最も重要な音楽です。「人間の音楽」同様、人間の耳で聴けるものではなく、精神で受け取るものだと考えられていました（図2－1）。

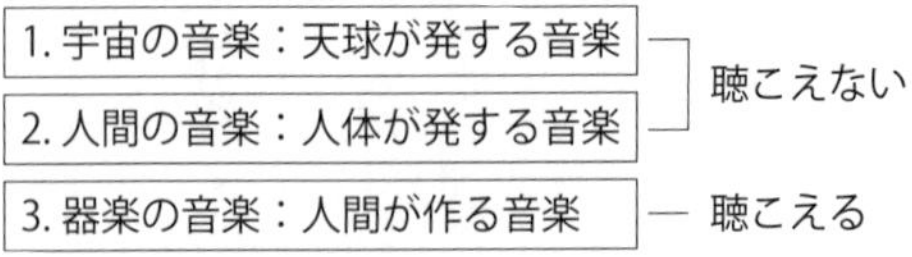

| | |
|---|---|
| 1. 宇宙の音楽：天球が発する音楽 | 聴こえない |
| 2. 人間の音楽：人体が発する音楽 | 聴こえない |
| 3. 器楽の音楽：人間が作る音楽 | 聴こえる |

図2－1　3種類の音楽

著名な哲学者や天文学者として知られるプラトン、プトレマイオス、アウグスティヌス、ボエティウスら多くの学者がこの三つの音楽、特に「宇宙の音楽」という思想を受け継ぎました。しかし19世紀以降では、感情や自己の表現を音楽の本質とする見方が普及します。3種類の音楽でいうところの「器楽の音楽」が重視され始めたのです。これにより、宇宙の音楽という思想は顧みられなくなっていきました。

では、現代では「宇宙の音楽」はなくなってしまったのでしょうか？

実は、そんなことはありません。現代の音楽理論は、そもそも宇宙と音楽を繋ぐべく発見されたピタゴラスの理論が基礎にあります。そういう意味では、宇宙の音楽の法則に基づいて私たち人間が音楽を奏でているともいえるでしょう。

また、20世紀以降でも、「宇宙の音楽」に新しい光が当てられました。例えば、カナダを代表する作曲家レーモンド・マリー・シェーファー（1933－2021）は、サウンドスケープ（音と風景のかかわりのこと。[注2]）の提唱者として有名で、彼は、このサウンドスケープを「宇宙の音楽」とも関連づけています。自然の摂理や宇宙の調律のような観点から、音楽をもう一度再構築しようとしたのです。

シェーファーの主著『世界の調律』[1]のタイトルや表紙のデザインは、ケプラーと同時代のイギリスの哲学者、ロバート・フラッドの著書にある挿絵のタイトル〝Monochordus Mundanus〟（宇宙の一弦琴）から採ったものです。サウンドスケープは、人間の耳で聴けることが前提ではありますが、「音楽は、感情や自己の表現よりも自然や宇宙の摂理に従うもの」とする意味では、「宇宙の音楽」という概念に近いものを感じます。

また、作曲家ドイツ人作曲家パウル・ヒンデミット（1895−1963）の交響曲『世界の調和』は、第1楽章「楽器の音楽」、第2楽章「人間の音楽」、そして第3楽章「天体の音楽」で構成される交響曲で［注3］、まさに古代の学者らが定義した「三つの音楽」にちなんで作られています。これも人間の耳で聴くことのできる音楽ではあるものの、古代の学者らが定義した「三つの音楽」という概念は、未だ受け継がれているのです。

自然や宇宙の法則を音で表現したものが音楽なのか、はたまた人間の感情を音で表現したものが音楽なのかという問題は、音楽家、音楽学者、科学者らにとって長きにわたり興味の対象でした。この章ではその両者の立場に立ってお話しします。

## 宇宙が奏でるハーモニー

紀元前500年ほど前の昔の人たちは、音と音が重なるときの美しい響き（協和音）は、世界の調和そのものを表しているのだと考えていました。一方で、現代の音楽の多くは最低限の音楽理論に基づいて、あとは「人間の感性」を重視して作曲されます。それゆえ、たとえ不協和音を用いても私たち自身が「いい」と感じればそれでいいわけです。

しかし昔は、音楽の不協和・不調和は宇宙の不調和（裂け目）そのものだったため、なるべく避けなければいけないものでした。これほどまでに宇宙の調和と音楽の調和を同一のものとしていたからこそ、前章で述べた「ピタゴラスコンマ」や「スキスマ」などのような音程の不協和は無視できないものだったはずです。[2]

そのため、この不協和の問題に対する、当時の音楽家や科学者、天文学者らが費やしたエネルギーは並大抵なものではありませんでした。現代では、耳で聴こえる音楽しか注目されませんが、そういった現代の音楽ですらも、その理論の基礎にあるのは宇宙の音楽を解明すべく研究してきた古代の学者の理論です。このように、音楽の発展には宇宙の解明と深い繋がりがあるのです。[3]

音楽理論の最も基礎となる調律の概念を最初に提唱した古代ギリシャの天文学者ピタゴラスは、「音と音の美しい調和が単純な整数比であらわせるならば（第1章参照）、宇宙の調和も整数比で説明できるのではないか」と考えました。この思想が発端となり、ピタゴラスとその弟子たちから始まり、その後何百年も続く「音楽と宇宙」論争が続きます。

読者の皆さんも聞いたことがある「ハーモニー（ギリシャ神話の調和を司る女神ハルモニアが由来）」という言葉も、もともとはここから生まれています［注4］。「惑星が動く際、惑星自身が音を発しており、惑星同士で音と音が重なることで宇宙全体は和音（ハーモニー）に満ちた空間になっている」というものです。そして、人間は「天体の和音」を吸収することによって魂を浄化することができると考えていました。

ピタゴラスは、この宇宙の奏でる音楽を「天球（宇宙）の音楽」と呼びました。この発想は特に、当時知られていた天体が、太陽、月、火星、水星、

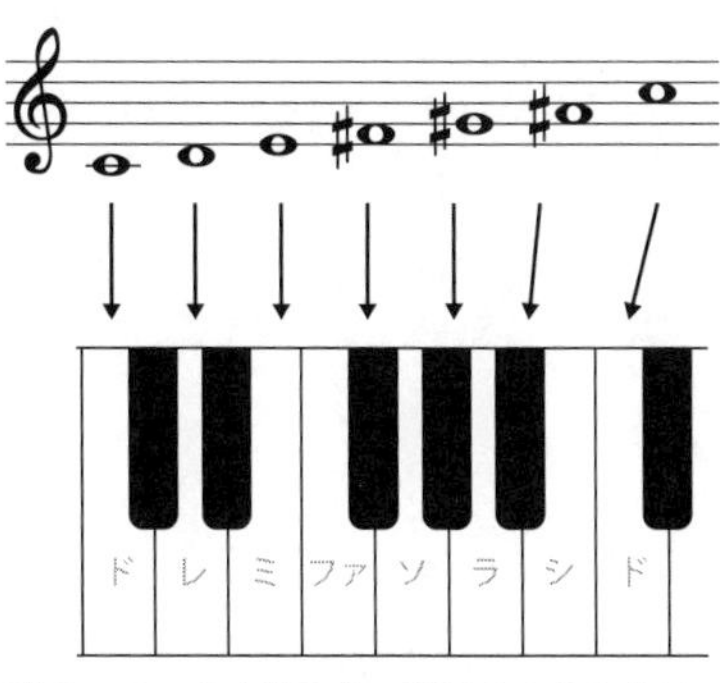

図２－２　全音階の音。隣同士の音と音は全て全音程（半音２個分）離れている

木星、金星と全部で6つあり、これが音楽の全音階の数と一致していたことから生まれました(図2-2)。

### 惑星がもつ音楽

ピタゴラスの考えを受け継いだ古代ギリシャの哲学者プラトン(紀元前427頃-前347)は、彼が設立した学園アカデメイアのカリキュラムに必須科目として音楽を取り入れます。このように、当時の音楽に対する学問の重要性の高さは他と比べても抜きん出ていたことが窺えます。

プラトンは、著書『ティマイオス(Timaios)』において、「宇宙は音階に従って創成された」と記述し、天体と音階を同じ問題として扱っています。

一方で、プラトンの弟子である哲学者アリストテレスは、音程を数比だけで決めるピタゴラス派の理論を批判的に継承し、プラトンよりも現実的に音楽論を展開します。そしてアリストテレスの弟子であるアリストクセノスによって、人間の感覚を重視した、いわゆる耳で聴いた音をもとにした音階理論が確立されました。しかし、ピタゴラスから約500年ほど経った世界においても、音楽と宇宙の深い関係は続いていきます。

現代の記譜法に修正

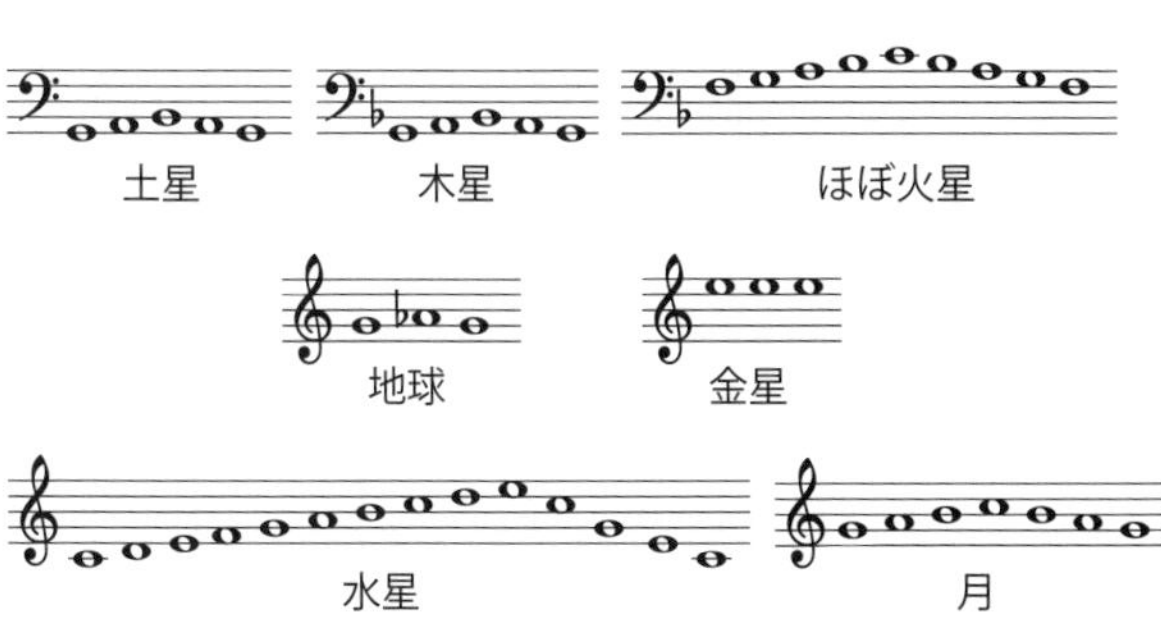


図２－３　惑星が固有にもつ音階。［5］をもとに作成

例えば、天文学者クラウディオス・プトレマイオス（83頃－168頃）は、数学、天文学、占星学などあらゆる分野で大きな業績を遺した古代ローマを代表する学者として知られます。プトレマイオスは、ピタゴラスやプラトン同様、音楽によって宇宙の不思議を解き明かそうとしたうちの一人です。特に彼は、音階に従って地球を周回する星の動きを考えたときの協和音、不協和音を考えました。そして、音と音が不協和音を呈するとき、それに相当する惑星同士も相性が悪いとしています。

宇宙の音楽への追求は、プトレマイオスよりさらに1000年以上経った近世においても続いています。ドイツの天文学者ヨハネス・ケプラー（1571－1630）は、天体の運行法則に関する「ケプラーの法則」を唱えたことでよく知られている人物ですが、同時に、天体音楽論を提唱するピタゴラスの信奉者でもありました。自著『宇宙の調和』[5]にて「惑星の動きには音楽的な調和がある」と主張し、ピタゴラスのように惑星の軌道を音楽理論によって解明しようとしました。音楽と天文学を統合する一つの体系があると考え、太陽系の各惑星が独自にもつ音階を計算したのです（図2－3）。

「惑星が発する音楽」という考えは、現代においても残っています。例えば、米国のNASA（アメリカ航空宇宙局）は、惑星とその衛星が出す磁気振動やプラズマ波を計算し、それに基づいて「各惑星がもつ音」を公開しています。[6]また、NASAが2009年に打ち上げた宇宙望遠鏡「ケプラー」では、数百個の恒星の音を聞けるようになりました。興味があれば是非聴いてみて下さい。

## 非音楽は本当に音楽ではないのか?

私たち人間は普段の生活において、音楽と非音楽というものを何となく分けています。しかし、子供の童謡は誰しもが音楽と感じると思います。これはなぜでしょうか? それは、私たちの脳がケプラーの定義でいう「器楽の音楽」のみを音楽としているからといえます。

しかし、「音楽は自然法則を音で表したもの」と考えればどうでしょう? この考えに基づけば、私たち人間が誕生するずっと以前から、音楽は世界にあったということになるでしょう。では、なぜ私たちは、音楽と非音楽を区別してしまうのでしょうか?

その答えの一つとして有力なのが、人間の脳の進化です。芸術の表現方法は、人類の脳の進化とそれに伴う科学の発展によって変化し続けています。ドイツのテュービンゲン大学の考古学者ニコラス・コナードらの研究チームは、2009年の『ネイチャー』誌にて、おおよそ4万年前ほどの世界最古とみられるフルートを発見したと報告しています。[7]

約4万年前にはすでにヒトは音楽活動を行い、それから何万年とかけて現代まで途切れることなく様々に姿形を変えながら音楽の表現方法を模索してきました。大昔には部族音楽のようなリズム中心の音楽が演奏され、現代では幾何学的な理論や高度なテクニックによって演奏されています。楽器においても、石器時代などの大昔では自然の産物（貝殻や角笛など）を使って演奏されていましたが、その後様々な進化を遂げてオーケストラで使うような精密な楽器が開発され、現代では音質などの操作が正確にできるような電子楽器も存在します。

この長い緩やかな音楽の発展によって、私たちはあらゆる音現象を音楽と感じることができるようになったと考えることもできます。しかし、約4万〜5万年前にはじめて音楽を奏でたといわれる人類の祖先ホモ・サピエンスが、科学と知性の発達によって生まれた平均律のクラシック音楽を聴いてその価値を充分に理解することはできなかったでしょう。今現代人の脳にある音楽と非音楽の境界線というのは、聴覚や知性の発達によって変わりうるものなのです。このことを鑑みると、私たちが今「非音楽」と感じる音現象は、もしかしたら単に私たちの脳の進化が、まだその音現象を音楽と感じられるほどに追いついていないだけなのかもしれません。

また、音楽による新しい価値の創出そのものが、科学的発見を生むこともあります。例えば、天文学者ピタゴラスが、音楽の音律の発見から惑星軌道の理論を打ち立てたのはその代表例でしょう。また、ガリレオ・ガリレイの父で音楽家のヴィンチェンツォ・ガリレイは、ヒトの周波数識別能力の閾値（いきち）（最小限の値）を自身の演奏から理解し、現代の平均律の発明に大きく貢献しました。

芸術による「新しい価値の創出」自体が、私たちの知性の発達や創造性を促し、そして科学や社会の進歩にも一役買ってきたといっても過言ではありません。そしてさらなる進歩に向かって私たち人類は、「今の芸術表現に留まることなく」常に新しい芸術を追い求め続けなければなりません。

これまでお話しした「宇宙と音楽」という音楽を認知する人間とは少し距離のある内容から、次節では「脳の音楽」に焦点を当ててお話しします。ヒトはどのようにして芸術から新しい価値を生み、そしてどのような芸術がヒトの発達を促すのでしょうか？

# 脳の音楽

## 音楽の進化と脳の進化

「音楽は自然法則を音で表したもの」という考えに基づけば、音楽の理論は、人間の存在とは関係なく自然界に普遍的に存在していると考えることができます。「自然法則をできるだけ正確に音で表現する」ことが最も重要なため、人間の感性はなるべく排除しなければなりません。

私たちは、人間が手を加えていないような真の自然物に感動することができます。火山の噴火や広大な砂漠から畏怖や崇高さを感じ、雨のあとにかかる大きく美しい虹に雄大な自然美を感じます。音に関しても、雨の音や波の音、また風の音を聴いていると心が落ち着くという人は多いのではないでしょうか？

こういった自然美を皆で共有するために、人間は「音楽」という表現方法を作り上げてきたという歴史があります。一方で、人間の意図を排除し自然の摂理のみから音楽を作るサウンドスケープのような音楽を除けば、自然美を解釈し音楽へと変換するのは「心」をもった人間であり、その音楽には、必ずその人ならではの「感性や知性」が宿っているものです。そしてそういった感性や知性は、時代とともに変化していきます。

例えば、私たちは、石器時代などの貝殻などを使った演奏や、音程や和音があまり存在しない太鼓を用いたリズム音楽から、様々な試行錯誤を繰り返して現代のような綿密な理論を作り上げてきました。クラシック音楽など今世の中にある音楽の大半は、たとえ作曲家らが自然法則に基づいて作った曲だとしても、その自然法則を理解する人間の知性がなければ音楽として表現することができません。

脳の音楽、もしくはピタゴラスでいう「器楽の音楽」の観点から考えると、人間にとって音楽がなくてはならないように、音楽も人間の知性がなければ存在しないのです。

音楽の感性の変化は、一人間が乳幼児から成人まで発達していく段階においても起こります。例えば、脳が未発達の子供は、難解な現代音楽より単調なメロディーからなる童謡などを好みますが、訓練を積んだ音楽家にとって単調な曲は退屈と感じるでしょう。

このように、音楽の価値はその私たち人間の時代や発達過程によって変化していきます。同じ自然物であっても、それを解釈する人間の感性や知性が違えば違う音楽ができ上がるということです。ここでは、脳の感性や知性の発達の観点から、どのように音楽が進化・変化していくのかを見ていきたいと思います。

## 音楽する脳のメカニズム

外部からの音情報は「空気振動」として、耳から鼓膜へと伝えられます。この空気振動は、様々な箇所を経由しながら骨振動、電気信号へと変換され、最終的に大脳皮質の一次聴覚野にたどり着きます［注5］（図2-4）。

一次聴覚野では音の基本的性質である音の大きさや高さ、それに音色などを認知しますが、それだけでは「音楽」として傾聴することはできません。一次聴覚野までで捉えた音の物理的要素を認識する最も根本的なレベルから、音楽を音楽として認識し、さらに新たな音楽を作曲するという高いレベルの認識にまで繋げるためには、脳の他の部位との連携が必要になってきます。

一次聴覚野まで来た音情報は、そこから主に腹側路と背側路の二つの経路をたどると考えられています。この二つの経路を通して様々な処理がなされることでメロディーや和音などの音楽的な認知に変わり、大脳辺縁系や基底核の情動、期待等と複雑に絡み合って芸

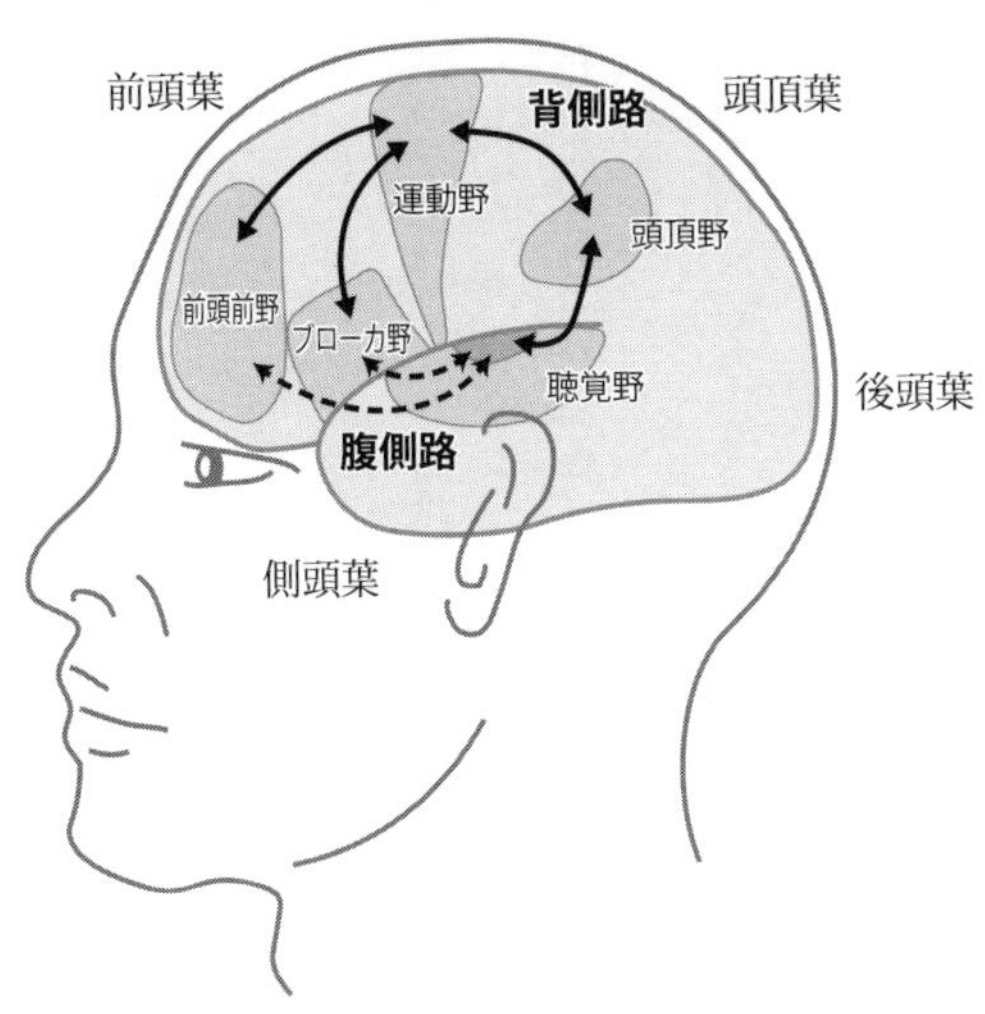


図２－４　音が脳へ伝わる仕組み

術にまで昇華されるのです。[8]

一般的には、背側路は音の空間情報（Where 情報）や運動に関わる情報の処理、腹側路は音の種類（What 情報）の処理と、情動と知識の融合に大きく関与しています。[9] 二つの経路はお互いに前頭葉で出合い、空間情報と時間情報、そして情動などが統合されることで複雑な芸術的感性が生まれます。

**脳の順応**

我々の脳は、生後すぐに何でもできたわけではなく、生まれてから様々な現象に触れて学習を繰り返すことで、言葉など生活やコミュニケーションに重要な様々な機能が習得されていきます。[10] 学習される機能は、本人の身の回りの社会環境に合わせて行われるため、何をどうやって学習するかは個々で異なってきます。[11] この違いが脳を独自に発達させ、その時代、その環境に合った脳になっていくのです。

この、学習と個性に関わるメカニズムとして、脳の可塑性が大きく貢献しています。[12] 脳の可塑性とは、特に発達期の脳において、「外界の刺激などでおこる機能的、構造的な変化」をいいます。[13–15] また、脳の可塑性は発達期の方が盛んではありますが、大人においてもみられます。[16] 言い換えると、脳は自分の身の回りの環境に応じて最適な処理システムを作り上げる、いわゆる「順応」の機能があり、学習を通して、よく使われるニューロンの回路の処理効率を高め、使われない回路の効率を下げるような機能を備えているのです。

このように、私たちの脳は基本的に、生まれ育った時代や社会で生きていくために、周囲の環境に順応していきます。これが性格や言語、音楽の感性の文化的な特徴となります。日本人は、あまり主張しないで集団の調和を重視する個性があるといわれますが、やはり日本で生まれ育っていればそのような環境に身をおいて生活するため、社会に順応するように日本人らしい性格をもつようになります。

音楽においても、同じような曲を何度も聴くと、脳はその曲に順応します。自分の親がクラシック音楽好きで家でずっとクラシックを流して育ってきたら、子供もクラシック音楽が好きになる可能性が高くなります。

## 脳は新しいもの好き

一方で、脳は新しいものに興味をもつ臓器でもあります。新しい情報に触れると、その情報の中身がわからないため「不安」になり学習しようとします。しかし一度理解してしまうと、その情報は既知情報として脳にインプットされていますので、注意を向けなくなります。すでに理解しきってしまったので、不安な情報ではなくなったのです。

世の中は常に新しい情報が入ってきますので、脳は世の中のあらゆる現象に順応すべく、新しい情報を集中して学ぼうとします。わかりやすい例でいうと、初めて会った人間は、その人の性格などがわからないため、会話やコミュニケーションなどを意図的に行ってその人を知ろうとしますよね。しかし、家族などのよく知る相手は、接し方もわかるため、近くにいても積極的に注目する機会は減っていきます。

音楽においても同様です。同じような曲を何度も聴くと脳はその曲に順応します。しかし、あまりにも順応しすぎると今度は「飽き」が生じます。脳は常に学習したい臓器であるため、新しい知識を取り入れようと、これまでに聴いたことのないような音楽に興味をもつようになるのです。この「新しい音楽への興味」が音楽の表現方法に変化をもたらします。

子供の頃に好きだったであろう、赤ちゃんの子守歌も、生涯それだけしか好きにならず、それればかり聴いて人生を終える人はまずいないでしょう。成長とともに、新しい音楽をどんどんと取り入れて学習していくものです。

筆者も、西洋音楽理論に基づく音楽があまりにも溢れすぎてしまい、どの曲を聴いても同じ曲に聴こえてしまうことがありました。自分で作曲した曲さえも同じに聴こえてしまうため、なんとかこの固着から脱却できないかと考え、現代音楽を聴くようになりました。最初は「これは本当に音楽なのか?」と疑問に思うほど、難しく聴きづらいものですが、聴けば聴くほど新しいことがわかるため楽しくなってきます。

このように、人間の脳というのは、不確実な周囲の環境に順応すべく学習しながらも、順応しきるのがゴールなのではなく、さらに新しい情報を取り入れたくなる臓器なのです。

## 脳が生まれながらにもつ統計学習

ドイツの哲学者・数学者であるゴットフリード・ライプニッツは次のような言葉を遺しています。

「音楽は心の無意識的・潜在的な算術の活動である。しかし、計算していることにその心は気づいていない」[17]

第1章でも述べたように、音楽は数学を音で表現したものといえます。その音楽の数学がどこからくるのかという問題に関しての答えは、前節までに述べたような「自然」であると同時に、「人間の脳」でもあります。では、人間の脳がどのような数学を用いて、音楽を創造するのでしょうか？

私たちの脳には「統計学習」という自動計算機能が備わっています。これは、行動、意思決定、言語獲得など様々な知識や知性の発達に関わっている、人間の脳が生まれながらにもつ重要な機能です。この統計学習機能が、音楽的感性や創造性と深く関わっています。

統計学習とはシンプルにいえば、私たちの身のまわりで起こる様々な現象・事柄の「確率」を自動的に計算し、整理する脳の働きのことをいいます。人間は、この脳の統計学習により、不安定で不確実な現象・事柄の確率を計算し、身の回りの環境の「確率分布」をなるべく正確に把握しようとします。把握できれば、次にどんなことがどのくらいの確率で起こりうるのかを予測しやすくなるので、珍しい（起こるはずのない低確率の）ことだけに注意を払えばよくなります。

また、統計学習は、「無意識学習（＝潜在学習）」であり、私たちが起きている間だけではなく、寝ているときでさえも絶えず行っており、生まれてから死ぬまで生涯行い続けている「脳に最も普遍的な学習システム」と考えられています。音楽においても、脳はあらゆる音楽を統計学習することで、音楽一般的な統計的確率を計算します。これにより、新しい音楽を聴いても脳内の音楽の一般的な統計的確率をもとに、何となく聞き覚えのある曲や、斬新な曲などの判断ができるようになるのです。

## 脳の予測と不確実性

脳の統計学習における「確率の計算」では、具体的には「遷移確率」というものを計算します。遷移確率とは、「ド音が何個あるか」といった出現確率に対して、「ド音からレ音へどのくらい移り変わるのか」といったような、情報が移り変わる確率を指します。

例えば、図2-5の『チューリップ』の曲はドから遷移する確率はレが一番高いということがわかります。よって、この『チューリップ』の曲を統計学習した場合、私たちの脳

図2－5　遷移確率の仕組み

は、ドを聴いたあと、レを予測するようになるのです。逆に、シ音が実際に聴こえると「ん、いつもの曲となんか違うぞ？」とビックリし、注意を向けるようになります。このように、私たちの脳は、意図とは関係なく、音楽を聴取するだけで勝手に遷移確率を計算しているのです。

遷移確率をあらゆる音に対して計算した分布を遷移確率分布と呼びます。この遷移確率分布は、脳の統合的な知識に該当します。単純な遷移確率では、ドのあとはレのような一つの事象しか予測しませんが、私たちは一曲を学習すると、あらゆる事象の確率を統計学習します。『チューリップ』の例でいうと、レから遷移する確率はミが一番高いがドの可能性もある、ソのあとはミが一番高いといったような、あらゆる事象を統合的に一つの分布にまとめた知識です。

脳は、遷移確率（分布）の計算だけでなく、この遷移確率分布の「不確実性」も計算します[18-22]。不確実性とは、「情報エントロピー」によって数学的に表されるもので、簡単にいうと遷移確率分布の、ばらつき度合いを表します。統計学習の分野では、この情報エントロピーの値を「不確実性」と呼んでいます。遷移確率分布が複雑なほど、情報エントロピー（不確実性）が高いといいます（詳しい数式は省略[22]）。

### 深い統計学習と浅い統計学習

脳の統計学習で重要な機能である、遷移確率の計算では、「直前の情報」を元に次の情報の確率を計算します。この直前の情報の数は、統計学習の「深さ」に相当します。数学的に、統計学習の深さが深くなるほど「不確実性（情報エントロピー）」が低くなり、「予測の精度」も上がると考えられています[22]。

ここで音楽を例にとってみます。図2－6を見て下さい。前述したように脳の統計学習には、遷移確率の次数の低いもの（低次）から高いもの（高次）まであります。例えば、上の「ド、レ、ミ」が連続して出てくる列を統計学習したとき、「レ」のあとに何が来るかを予測するとします。この場合、レの後は、必ず「ミ」がでてくることがわかります

浅い統計学習

深い統計学習

レの次になにが来るか？

**浅い統計学習：** ド **レ** ミ ド **レ** ミ ド **レ** ミ ド **レ** ミ ド **レ** ミ ド

１次統計学習で十分　→**浅い統計学習で十分**

**深い統計学習：** ド **レ** ミ ファ **レ** ド **レ** ミ ファ **レ** ド **レ** ミ ファ **レ** ド

１次統計学習だと学習できないが、２次だとできる

→**深い統計学習が必要**

図２－６　浅い統計学習と深い統計学習

（遷移確率＝１００％）。また、レの前の音まで見た場合（２次遷移確率）も、「ド、レ」のあとに必ず「ミ」が出てくるので、１次でも２次でも知識はかわりません。よって、統計学習の深さは１次で充分ということになります。

一方で、下の例では、１次統計学習をした場合は、「レ」のあとに、「ミ」か「ド」が同じくらいの頻度で出てくるので、予測ができません。しかし、もしこの列を２次統計学習で学習したら話は別です。なぜなら、直前に「ファ、レ」と二つの列が出てきたときは必ず「ド」が来る一方で、「ド、レ」との列が出てきたときは必ず「ミ」が来ることがわかる

0次分布

| | ド | レ | ミ |
|---|---|---|---|
| / | 0.3 | 0.3 | 0.3 |

>（不確実性）

1次分布

| | ド | レ | ミ |
|---|---|---|---|
| ド | 0 | 0.9 | 0.1 |
| レ | 0.1 | 0 | 0.9 |
| ミ | 0.9 | 0.1 | 0 |

>（不確実性）

2次分布

| | ド | レ | ミ |
|---|---|---|---|
| ドレ | 0.111 | 0 | 0.889 |
| ドミ | 1 | 0 | 0 |
| レド | 0 | 1 | 0 |
| レミ | 0.889 | 0.111 | 0 |
| ミド | 0 | 0.889 | 0.111 |
| ミレ | 0 | 0 | 1 |

図2－7　深い統計学習をするほど不確実性は下がる

からです。よって、下の列を統計学習する場合は、1次統計学習より深い2次統計学習で学習した方が、適切だということになります。

一般的に、列が複雑になればなるほど、深い統計学習の方が良いことが実験により示されています[23]（図2－7）。

## チャンク機能の驚くべき効果

統計学習は、単に音楽の遷移確率を計算するだけでなく、文法のように階層的構造へと変化することが最近の研究でわかってきました。[24]この構造化で重要な機能として「チャンク」があります。チャンクとは、ぱっと見たり聴いたりしたときに「まとまり（意味的な塊）」を感じる単位のことです。

例えば、「今日はいい天気です」という文章から私たちは、「今日は」、「いい」、「天気」、「です」といった四つのチャンク（まとまり）を感じ取ることができますね。また人によっては、「今日は」、「いい天気」、「です」のように三つのチャンクを感じるかもしれません。このチャンクの量は、一般的に熟達度と関わっていると考えられています。つまり、訓練や練習を繰り返すことで、チャンクの数は徐々に減り、情報処理効率が上がっていき、階層的な構造ができあがるといわれています。

1996年にウィスコンシン大学のサフランらによってはじめて発見された乳幼児の統計学習のメカニズムも、このチャンクを指しています。サフランらは、文法などの前提知識のない生後8カ月の乳幼児に、音声の列（bidagupadotigolabubidagu...）を聞かせたところ、一部を単語として認識したことを『サイエンス』誌にて発表しました[10]。

実験に使用した「bidagupadotigolabubidagu...」という音声の列は、一見なんの法則性もないものに見えますが、実は、「bidagu」、「padoti」、「golabu」など、三つの音節の塊（単語）がランダムに並んでいます。普通私たちが、この音声の列を聴いただけでは、それが三つの音節の塊からなっていると意識的に気づくのは非常に難しいことです。

しかし、サフランらやその後の多くの実験では、〝人間が意識的に気づくか否かにかかわら

図２－８　乳幼児も統計学習をしていた！

ず〟、脳は自動的に、１００％の確率で「bidagu」、「padoti」、「golabu」は塊として現れることを計算し、その音節の塊を単語のようなものとしてチャンクと認識することができることを示しました。このことから、文法などの前提知識のない乳幼児は統計学習を用いて母語を学んでいると考えられています（図２－８）。

乳幼児がなぜあれほど早く母語をマスターできるのかを理解するにあたって、統計学習は非常に重要な脳のメカニズムです。

また筆者らの研究チームは、脳の統計学習によって得られた知識は、潜在記憶（無意識的記憶）であることを、脳波を用いて示唆しました。筆者とノルウェーのベルゲン大学の共同研究チームは、サフランらのように単語の塊がランダ

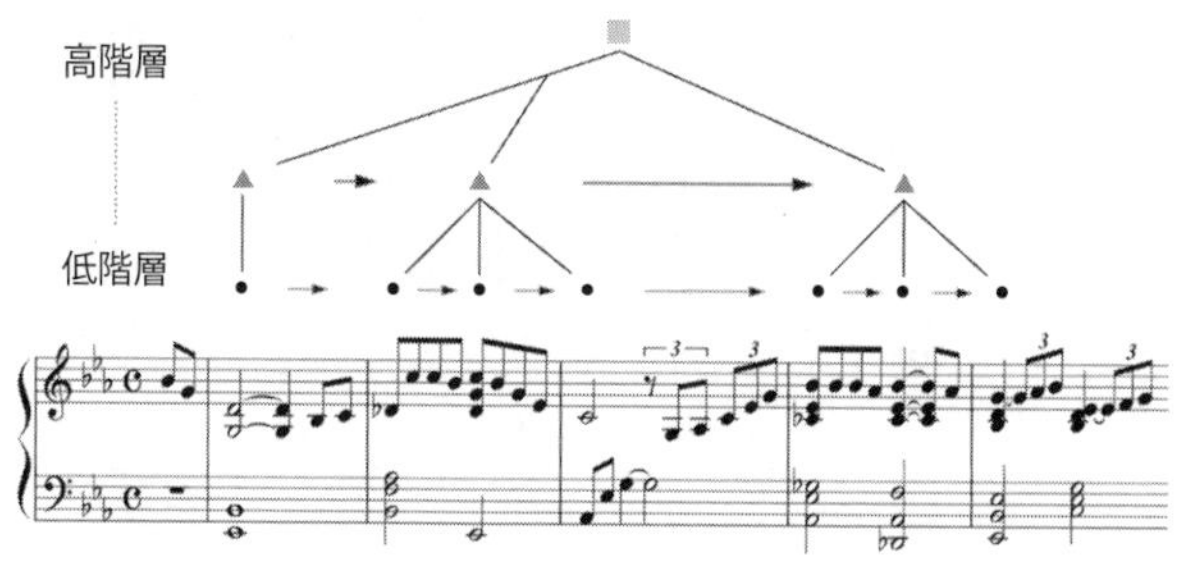


図２－９　統計学習に関わる音楽の階層性。エロール・ガーナーによって1954年に作曲された『Misty』を筆者がオリジナルで編曲したもの

ムに並ぶ音の列を聞かせたときの脳波活動を計測しました。[25]音の列の聴取後、被験者に実際の音節の塊を聞かせ、「これが先程聴いた音の列に含まれていたか」を聞くテストをしてみましたが、被験者はそれに正しく答えることができませんでした。しかしながら、脳波を解析してみると、脳波上では脳が確実に音節の塊を認識していることを示していたのです。

このように、統計学習によって得られた記憶は学習者本人も気づくのが難しい潜在記憶なのです。しかし、統計学習によって得た潜在記憶は、たとえ学習者本人の自覚がなくとも、私たちの様々な行動や決断、そして個性や創造性にまで強く影響していることが知られています。[26-30]

このチャンクを音楽から考えてみましょう。図２－９の楽譜を見て下さい。低階層（丸）では、隣同士の和音間の遷移確率が統計学習される様子を示しています。[24]そしてこれらが、チャンクと認識されることで、一つ上の階層（三角）では、高遷移確率の音列が一つの塊として記憶され、一つ上の階層（四角）では、低階層でチャンクと認識した塊間の遷移確率が学習されます。これらが、どんどん連鎖していくことで、音楽に階層性が生まれるのです。

言語同様、音楽に関してもチャンクの量は熟達度と関わっていると考えられています。例えば、初めてピアノを習う人は、楽譜の音符一つ一つを見ながらゆっくり弾かないといけないでしょう。しかし慣れてくると、数小節単位の音符の並びをひと目見ただけで理解しスムーズに弾けるようになってきます。

バラバラになっている情報を繋げてまとまりとして認識していくことで、インプットやアウトプットをする際の脳へ情報処理の負荷を軽減することができるのです。

## 統計学習の脳内メカニズム

では、脳はどのようにして統計学習を行っているのでしょうか？　統計学習の機能のうち「遷移確率」の計算は、「音楽や言語の処理と同様に」脳の背側路と腹側路という経路が大きく寄与していることがわかっています[31—38]。この背側路と腹側路は、音楽や言語の処理とおおよそ一致しています。[39]

前述したように、音情報は、聴覚野から腹側路と背側路の二つの経路をたどると考えられています。この二つの経路を通して様々な処理がなされることでメロディーや和音などの音楽的な認知に変わり、それが脳の様々な部分と、複雑に絡み合って芸術にまで昇華されていきます。[8]

一般的には、背側路は音の空間情報（Where 情報）や運動に関わる情報の処理、腹側路は音の種類（What 情報）の処理と、情動と知識の融合に大きく関与しています。二つの経路はお互いに前頭葉で出合い、空間情報と時間情報、そして情動などが統合されることで複雑な芸術的感性が生まれます。

聴覚の統計学習も、この音楽の経路と同様の経路をたどるのではないかとされており、聴覚の統計学習によって言語と音楽の両方の機能が促進するといわれています。また、統計学習の経路を通して、言語の学習により音楽機能が促進したり、逆に音楽を聴くと言語機能も促進したりすることが最近の研究で報告されています。

統計学習の機能のうち、もう片方の「不確実性」の計算は、主に海馬が行っていると考えられています。[40,41] 海馬は短期記憶から重要な情報だけを抽出して長期記憶貯蔵庫へ送り届ける機能をもっています。その重要な情報の判断基準として、不確実性の高さ・低さを用いていると考えられます。例えば、ある情報について、不確実性がある基準以下にまで下がったとき、長期記憶貯蔵庫に送ってよい情報として判別されるのです。

こうして、長期記憶貯蔵庫に送られた潜在記憶情報は、小脳や線条体にも送られ、自動化や効率化（癖や習慣等）に貢献していると考えられています。[42–47] このように、統計学習を行う脳の特定の部位があるというわけではなく、脳全体で協力しあいながら統計学習が行われています（図2-10）。

また、近年、筆者の研究チームから新たな知見が得られています。[48] 人には、統計学習のような脳が生得的に保有する学習機能と、成長に伴って発達する学習機能があります。脳の成長に関して重要な役割をもつ部位は、前頭前野です。ここでは、理性に関わる意思決定や行動計画などをしています。

一般に、前頭前野が充分に発達していない乳幼児の統計学習（潜在学習）による第一言語の獲得は、成人の顕在学習による第二言語獲得とは比較にならないほど早いことがわかっています。乳幼児は、成人のように文法法則などの前提知識がないにもかかわらずです。

筆者らの研究チームでは、人は成長に伴う前頭前野の発達に伴って、生得的な統計学習から前頭前野が主力となる学習へと学習方法を変えているのではないかと考えました。そして、前頭前野の機能が、逆に、脳が生まれながらにもつ統計学習機能を抑制しているのではないかと仮説を立てました。

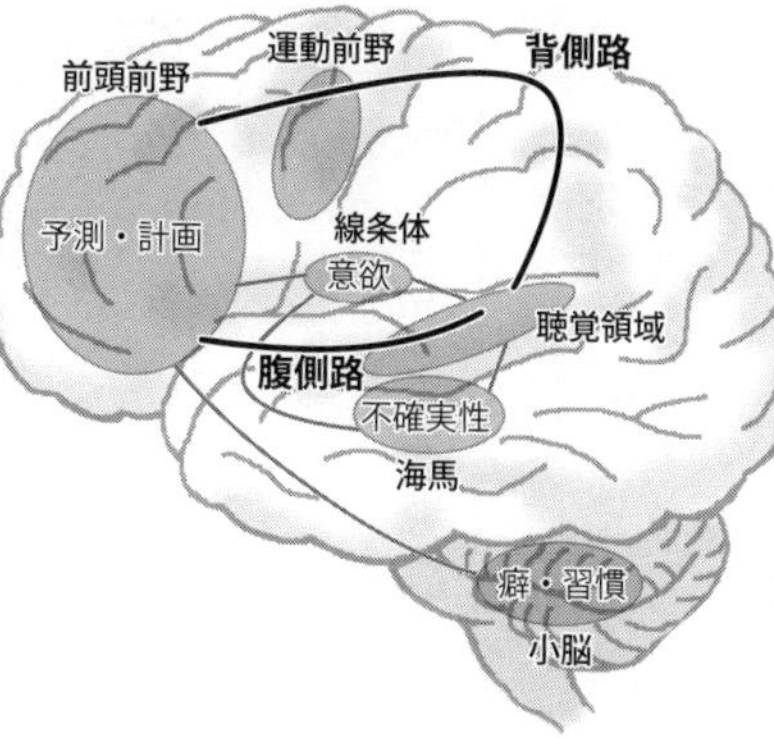

図2－10　統計学習の脳内メカニズム

これを検証するため、前頭前野（特にその中の背外側部という箇所）を刺激して、一時的にその部位の機能を抑制したときとそうでないときで、統計学習のパフォーマンスが変わるかを調べました。その結果、前頭前野の機能を抑制したことで、脳の統計学習のパフォーマンスが上がることが示されたのです。

もしかしたら、私たちは成長とともに発達した前頭前野によって、理性的、理論的な学習は得意になった一方で、本来ヒトがもつような学習能力を失っているのかもしれません。この仮説に関しては、まだ他の研究チームも含めて検証が必要ですが、類似した研究結果は近年増えつつあります。[49] 図2-10のような統計学習の脳内メカニズムをさらに更新するような、前頭前野を介さない経路というのが存在する可能性は充分にあり得るでしょう。

[注1] 古代では、地動説ではなく天動説が主流であったため、宇宙の音楽を特に「天球の音楽」と呼びます。天球とは、地球や観測者（自分）を中心として描かれる半径無限大の天体の球面のことをいいます。

[注2] サウンドスケープ（soundscape）とは、1960年代後半に、カナダの作曲家レーモンド・マリー・シェーファーによって提唱された概念。「音風景」、「音景」などと訳されます。風景には音が欠かせないという考え方で、音を風景の観念で捉えて、日常生活や環境の中で音が風景とどのように関わっているのかを考えます。

[注3] 「天体の音楽」に関する最近の作曲家に、イギリスの作曲家グスターヴ・ホルスト（1874-1934）がいます。いわずと知れた組曲『惑星』を作曲した人物です。『惑星』は、ピタゴラスやプラトンのような音楽や天体の数学的な協和関係とはほとんど関係がありません。ホルストは、作家クリフォード・バックスから占星術の手解きを受けたことをきっかけに、占星術における惑星とローマ神話の対応を研究し、組曲『惑星』の構想を得ました。この組曲は全7曲あり、1曲目から順に「火星、戦争（戦い）をもたらす者」、「金星、平和をもたらす者」、「水星、翼のある使者」、「木星、快楽をもたらす者」、「土星、老いをもたらす者」、「天王星、魔術師」、「海王星、神秘主義者」からなります。特に「木星」は、日本人歌手の平原綾香も『Jupiter』というタイトルで、日本語で歌詞をつけて歌っていることから、日本人にも馴染みが深いと思います。

[注4] ギリシャ神話の調和を司る神様「ハルモニア」が語源で、フランスの作曲家ラモー（1683-1764）による「和声論」（1722年）で、ハーモニーは和声という意味でも用いられるようになりました。

［注5］ 脳は、その部位によってそれぞれ特別な役割を担っています（これを機能局在性と呼びます）。例えば、音の処理に関しては、側頭葉の一次聴覚野という脳の両側面（耳の上）が中心的な役割を担っています。

## 参考文献


1 R. マリー・シェーファー著、鳥越けい子ほか訳（2006）『世界の調律——サウンドスケープとはなにか』平凡社

2 Hubbard, T. L. (2021). The Pythagorean comma and preference for a stretched octave. *Psychology of Music*, 03057356211008959.

3 James, J. (1995). *The music of the spheres: Music, science, and the natural order of the universe*. Springer Science & Business Media.

4 Ilievski, P. H. (1993). The origin and semantic development of the term harmony. *Illinois Classical Studies, 18*, 19–29.

5 ヨハネス・ケプラー著、岸本良彦訳（2009）『宇宙の調和』工作舎

6 Mosher, D. (2017). These eerie space 'sounds' recorded by NASA are creepy enough to make your skin crawl. Available: https://www.businessinsider.com/scary-sounds-space-astronomy-nasa-2017-10

7 Conard, N. J., Malina, M., & Münzel, S. C. (2009). New flutes document the earliest musical tradition in southwestern Germany. *Nature, 460*(7256), 737–740.

8 Romanski, L. M., Tian, B., Fritz, J., Mishkin, M., Goldman-Rakic, P. S., & Rauschecker, J. P. (1999). Dual streams of

auditory afferents target multiple domains in the primate prefrontal cortex. *Nature neuroscience, 2*(12), 1131-1136.

9 Rauschecker, J. P., & Scott, S. K. (2009). Maps and streams in the auditory cortex: nonhuman primates illuminate human speech processing. *Nature neuroscience, 12*(6), 718-724.

10 Saffran, J. R., Aslin, R. N., & Newport, E. L.(1996). Statistical learning by 8-month-old infants. *Science, 274*(5294), 1926-1928.

11 Kuhl, P. K., Williams, K. A., Lacerda, F., Stevens, K. N., & Lindblom, B. (1992). Linguistic experience alters phonetic perception in infants by 6 months of age. *Science, 255*(5044), 606-608.

12 Freund, J., Brandmaier, A. M., Lewejohann, L., Kirste, I., Kritzler, M., Krüger, A., Sachser. N., Lindenberger, U., & Kempermann, G.(2013). Emergence of individuality in genetically identical mice. *Science, 340*(6133), 756-759.

13 Spitzer, N. C.(1999). New dimensions of neuronal plasticity. *Nature neuroscience, 2*(6), 489-491.

14 Partanen, E., Kujala, T., Näätänen, R., Liitola, A., Sambeth, A., & Huotilainen, M.(2013). Learning-induced neural plasticity of speech processing before birth. *Proceedings of the National Academy of Sciences of the United States of America, 110*(37), 15145-15150.

15 Galván, A.(2010). Neural plasticity of development and learning. *Human brain mapping, 31*(6), 879-890.

16 Rakic, P.(2002). Neurogenesis in adult primate neocortex: an evaluation of the evidence. *Nature Reviews Neuroscience, 3*(1), 65-71.

17 池田真治（２０１０）「イマージュと抽象――ライプニッツの感覚論と調和の思想」『京都大学文学部哲学研究室紀要：Prospectus』12号、１-17頁

18 Nastase, S., Iacovella, V., & Hasson, U. (2014). Uncertainty in visual and auditory series is coded by modality-

general and modality-specific neural systems. *Human brain mapping, 35*(4), 1111–1128.

19 Hasson, U.(2017). The neurobiology of uncertainty: implications for statistical learning. *Philosophical Transactions of the Royal Society B: Biological Sciences, 372*(1711), 20160048.

20 Pearce, M. T., & Wiggins, G. A.(2012). Auditory expectation: the information dynamics of music perception and cognition. *Topics in cognitive science, 4*(4), 625–652.

21 Harrison, L. M., Duggins, A., & Friston, K. J.(2006). Encoding uncertainty in the hippocampus. *Neural Networks, 19*(5), 535–546.

22 Daikoku, T.(2018). Neurophysiological markers of statistical learning in music and language: Hierarchy, entropy and uncertainty. *Brain sciences, 8*(6), 114.

23 Daikoku, T., Okano, T., & Yumoto, M. (2017). Relative difficulty of auditory statistical learning based on tone transition diversity modulates chunk length in the learning strategy. In Proceedings of the Biomagnetic, Sendai, Japan. 22–24 May 2017; p. 75.

24 Daikoku, T., Wiggins, G. A., & Nagai, Y.(2021). Statistical Properties of Musical Creativity: Roles of Hierarchy and Uncertainty in Statistical Learning. *Frontiers in Neuroscience, 15*, 354.

25 Tsogli, V., Jentschke, S., Daikoku, T., & Koelsch, S.(2019). When the statistical MMN meets the physical MMN. *Scientific reports, 9*(1), 1–12.

26 Hamrick, P., & Rebuschat, P.(2012). How implicit is statistical learning? In *Statistical learning and language acquisition* (pp. 365–382). Gruyter de Mouton.

27 Monroy, C. D., Meyer, M., Schröer, L., Gerson, S. A., & Hunnius, S.(2019). The infant motor system predicts actions based on visual statistical learning. *Neuroimage, 185,* 947–954.

28 Daikoku T. (2021). Discovering the Neuroanatomical Correlates of Music with Machine Learning. Handbook of Artificial Intelligence for Music, *Springer,* 117–161.

29 Zioga, I., Harrison, P. M. C., Pearce, M. T., Bhattacharya, J., & Luft, C. D. B. (2020). From learning to creativity: Identifying the behavioural and neural correlates of learning to predict human judgements of musical creativity. *NeuroImage, 206,* 116311.

30 Sherman, B. E., Graves, K. N., & Turk-Browne, N. B. (2020). The prevalence and importance of statistical learning in human cognition and behavior. *Current opinion in behavioral sciences, 32,* 15–20.

31 Tremblay, P., Baroni, M., & Hasson, U. (2013). Processing of speech and non-speech sounds in the supratemporal plane: auditory input preference does not predict sensitivity to statistical structure. *Neuroimage, 66,* 318–332.

32 Farthouat, J., Franco, A., Mary, A., Delpouve, J., Wens, V., De Beeck, M. O., De Tiége, X., & Peigneux, P. (2017). Auditory magnetoencephalographic frequency-tagged responses mirror the ongoing segmentation processes underlying statistical learning. *Brain topography, 30* (2), 220–232.

33 McNealy, K., Mazziotta, J. C., & Dapretto, M. (2006). Cracking the language code: neural mechanisms underlying speech parsing. *The Journal of Neuroscience, 26* (29), 7629–7639.

34 López-Barroso, D., Catani, M., Ripollés, P., Dell'Acqua, F., Rodríguez-Fornells, A., & de Diego-Balaguer, R. (2013). Word learning is mediated by the left arcuate fasciculus. *Proceedings of the National Academy of Sciences of the United States of America, 110* (32), 13168–13173.

35 Dehaene, S., Meyniel, F., Wacongne, C., Wang, L., & Pallier, C. (2015). The neural representation of sequences: from transition probabilities to algebraic patterns and linguistic trees. *Neuron, 88* (1), 2–19.

36 Cunillera, T., Càmara, E., Toro, J. M., Marco-Pallares, J., Sebastián-Galles, N., Ortiz, H., Pujol, J., & Rodríguez-

Fornells, A. (2009). Time course and functional neuroanatomy of speech segmentation in adults. *Neuroimage, 48* (3), 541–553.

37 de Zubicaray, G., Arciuli, J., & McMahon, K. (2013). Putting an "end" to the motor cortex representations of action words. *Journal of Cognitive Neuroscience, 25* (11), 1957–1974.

38 Elmer, S., Albrecht, J., Valizadeh, S. A., François, C., & Rodríguez-Fornells, A. (2018). Theta coherence asymmetry in the dorsal stream of musicians facilitates word learning. *Scientific reports, 8* (1), 1–13.

39 Friederici, A. D., Chomsky, N., Berwick, R. C., Moro, A., & Bolhuis, J. J. (2017). Language, mind and brain. *Nature Human Behaviour, 1* (10), 713–722.

40 Turk-Browne, N. B., Scholl, B. J., Chun, M. M., & Johnson, M. K. (2009). Neural evidence of statistical learning: Efficient detection of visual regularities without awareness. *Journal of cognitive neuroscience, 21* (10), 1934–1945.

41 Turk-Browne, N. B., Scholl, B. J., Johnson, M. K., & Chun, M. M. (2010). Implicit perceptual anticipation triggered by statistical learning. *The Journal of Neuroscience, 30* (33), 11177–11187.

42 Shimizu, R. E., Wu, A. D., Samra, J. K., & Knowlton, B. J. (2017). The impact of cerebellar transcranial direct current stimulation (tDCS) on learning fine-motor sequences. *Philosophical Transactions of the Royal Society of London, Series B: Biological Sciences, 372* (1711), 20160050.

43 Blackwood, N., Ffytche, D., Simmons, A., Bentall, R., Murray, R., & Howard, R. (2004). The cerebellum and decision making under uncertainty. *Cognitive Brain Research, 20* (1), 46–53.

44 Babayan, B. M., Watilliaux, A., Viejo, G., Paradis, A. L., Girard, B., & Rondi-Reig, L. (2017). A hippocampo-cerebellar centred network for the learning and execution of sequence-based navigation. *Scientific Reports, 7* (1), 1–16.

45 Khilkevich, A., Canton-Josh, J., DeLord, E., & Mauk, M. D. (2018). A cerebellar adaptation to uncertain inputs. *Science advances, 4*(5), eaap9660.

46 de Manzano, Ö., & Ullén, F. (2012). Activation and connectivity patterns of the presupplementary and dorsal premotor areas during free improvisation of melodies and rhythms. *Neuroimage, 63*(1), 272-280.

47 Saggar, M., Quintin, E. M., Bott, N. T., Kienitz, E., Chien, Y. H., Hong, D. W., Liu, N., Royalty, A., Hawthorne, G., & Reiss, A. L. (2017). Changes in brain activation associated with spontaneous improvization and figural creativity after design-thinking-based training: a longitudinal fMRI study. *Cerebral Cortex, 27*(7), 3542-3552.

48 Smalle, E., Daikoku, T., Duyck, W., Szmalec, A., & Möttönen, R. (2020). P80 Language learning in the adult brain: TMS-induced disruption of the left dorsolateral prefrontal cortex enhances neural entrainment indexes to statistical language learning. *Clinical Neurophysiology, 131*(4), e56.

49 Ambrus, G. G., Vékony, T., Janacsek, K., Trimborn, A. B. C., Kovács, G., & Németh, D. (2020). When less is more: Enhanced statistical learning of non-adjacent dependencies after disruption of bilateral DLPFC. *Journal of Memory and Language, 114,* 104144.

# 第3章　創造的な音楽はいかにして作られるか

# 脳の記憶と作曲

## 新しい音楽を想像し、創造するということ

作曲家は、音楽家の中でも少し特殊な職業といえます。演奏家や指揮者は、両手を上手く操って「すでにある曲を（解釈を入れつつも）楽譜通りに演奏」するのが仕事ですが、それに対して作曲家は、「新たに曲を作る」のが仕事です。新たに曲を作るためには、これまで学んできた知識を使いながら創造性を駆使しなければいけません。[1]

また、想像力も重要です。オーケストラなどでは特に、全ての楽器を演奏しながら創ることはできませんので、頭の中であらゆる楽器が混じり合ったときの響きや、コンサートホールでの音響効果などを頭の中で想像しながら曲を作らなければいけません。こういった特殊な能力をもつ作曲家は、どのような脳で、どのように知識を駆使して曲を生み出しているのでしょうか？　ここでは、脳の「学習と記憶」の観点から述べてみたいと思います。

特にクラシック音楽の作曲家は、過去何百年という月日を通して体系化された「音楽理論」を学び、そしてこの音楽理論を用いてどのような曲が作られてきたのかを学ぶべく、過去の膨大な曲の楽譜を研究します。作曲の教材のバイブルとして知られる、ヨハン・セバスチャン・バッハの『平均律クラヴィーア曲集』1巻と2巻、ルートヴィヒ・ヴァン・ベートーベンの『ピアノ・ソナタ』をはじめ、さらにその前後の著名なクラシック曲の楽譜をあさり、数え切れない量の楽譜を頭にインプットしています。まずは、この音楽理論と曲に関する膨大な知識量が、趣味で曲を作る一般の人との大きな違いといえるでしょう。

作曲家などのような作品を〝創作〟する人の中に、よく「作れなくなる」という現象が見られます。作曲家は、そのタイプにもよりますが、基本的には「新しい」音楽を作るのが仕事です。それゆえ、どんな音楽がこれまですでに発表され、そしてどんな音楽が新しいのかを正確に把握する必要があります。

音楽に限らず、科学においても同様ですが、学べば学ぶほど、自分の作品や発見が「特段新しいものではない」ことを知る機会が多くなります。いわゆる、「無知の知」のようなものでしょうか。知識のない人は、自分の発見が過去にすでにされたものであることも知らないので逆にワクワクしながら作品を創作することが多いのですが、知識の豊富な作曲家は膨大な知識を得つつも、自分の知識にはなかったような新しい情報を作るという努力をするため、そう簡単な作業ではありません。

脳内で想像を膨らませて新しいものを生み出すとはいえ、脳の想像は基本的には学習した知識から来ることがほとんどなため、自分の知識の範疇を超えることは非常に難しいのです。作曲家は、教科書や教材などを通して皆で共有できる「音楽理論」のような知識だけでなく、他の様々なタイプの知識も駆使しながら「真に新しい」曲を作っているといえます。

## 様々な記憶を操る作曲家

音楽理論や曲の構造を意識的に体系づけて学ぶような学習方法は、主に「顕在学習」と呼ばれます。[2-6] わかりやすい例としては、第二言語（外国語）の学習でしょう。私たちは学校などで、単語や文法などを教科書や参考書などから体系づけて外国語を学びます。顕在学習は効率よく知識を得られ、かつ得た知識について言葉で説明も可能なため「陳述記憶」とも呼ばれます。

一方で、人間の脳は、顕在学習と同時に「潜在学習」という学習もしています。第2章でも述べた脳の「統計学習」は潜在学習の一種であり、学習意図がなくても勝手に脳が学習してしまうものです。言語でいえば母語の獲得がこれにあたります。幼時は、文法知識や教科書がなくても見たり聞いたりするだけで勝手に母語を学習しています。情報を受ければ脳が勝手に学習する「生まれつき備わった脳本来の学習システム」ともいえるでしょう。情報を受ければ受けた分だけ学習するため、潜在学習の知識は基本的には「情報に触れた量」に依存します。

私たちがよくいうような「知識」は、顕在記憶のことを指します。なぜなら、顕在記憶は言葉で他人にも説明できるものだからです。例えば、「物知りな人」は色々な知識を言葉で説明します。このため、物知り＝顕在記憶の量が多いともいえるでしょう。

それに対して、知識を「言葉」よりむしろ「身体」で覚えてきたような職人やスポーツ選手は、潜在記憶（手続き記憶）の物知りといえます。知識を言語化できないわけではないですが、多くはトレーニングによって身体に染み付いた記憶なため、言葉で「正しく」説明することは困難です。

私たちは、状況や成長に伴って、この二つの学習方法を上手く使い分けながら物事を学習しています（図3－1）。顕在学習と潜在学習のどちらのほうが効率よく知識を獲得できるかという問題に関しては、未だに議論が分かれています。しかし、潜在学習と顕在学習のどちらかだけを使うよりも、両方を上手く使い分けながら知識を習得する方が、記憶の定着度も効率性も高いことは間違いないでしょう。

音楽においても同様で、作曲家は両方の学習法を行うことで、音楽に関する様々な記憶を得て、その知識が作曲に応用されています。次項からは、そのメカニズムについて、もう少し深掘りしていきます。

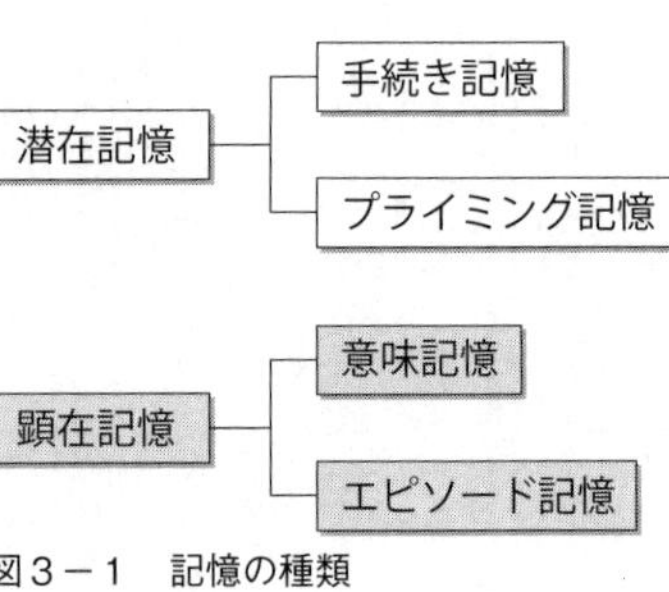

図3－1　記憶の種類

## 音のイメージを楽譜に記せるのはなぜか？

顕在記憶と潜在記憶は、作曲にどのような影響を与えるのでしょうか？　人の記憶の大部分は潜在記憶からなるといわれています。潜在記憶とは、記憶していることを本人も気づいていないような記憶のことを指しますが[7]、気づかずとも私たちの知性や行動に強く影響しています。

先述のとおり、「統計学習」も潜在学習の一種です。[8]統計学習によって得た潜在記憶は、たとえ学習者本人の自覚がなくとも、芸術的感性、直感、思考、そして個性や創造性に至るまで、私たちの知性や様々な行動に強く影響していることが知られています。[1,9—13] 潜在記憶は記憶のタイプによって、さらに「手続き記憶」と「プライミング記憶」に分けられています。

手続き記憶とは、身体では覚えているが言葉では説明しづらい記憶を指します。特に、「運動」に関わる記憶が主体です。よく挙げられる例として、自転車の乗り方があります。私たちは、「足をかけて、踏んで、次にもう片方の足をかけて」などのように、自転車の乗り方を一つ一つ言葉で説明するようには覚えていません。それにもかかわらず、たとえ数年以上自転車に乗っていなくとも身体が勝手に覚えていて、あまり意識せずとも何時でも難なく乗りこなすことができるでしょう。

また、母語の発話方法も手続き記憶の一つといえるでしょう。[14] どのような口や舌の形で母語の発音を作るかは、教科書などを使って言葉で覚えるより、むしろ、赤ちゃんの頃から失敗を繰り返しながら身体で覚えていくものです。自転車の乗り方や母語の発話方法などの手続き記憶は、言葉で説明しづらい反面、それ以外の記憶と比べて生涯を通して忘れづらいという利点があります。

では、音楽の手続き記憶とはどのようなものでしょうか？　様々なものが考えられるなかで、代表的な例でいえば「楽器の弾き方」などが挙げられます。演奏者は、楽譜を見るだけで、楽譜の指示通りの演奏を難なくこなすことができます。このとき、いちいち「音符がこれだから、指をこの位置にもってきてどのくらいの強さで押して」などと言語化して考えません。自転車の乗り方のように、手続き記憶の賜物といえます。

また作曲の場合も、ピアノなどで演奏しながら曲を作ったり、即興演奏（その場で作りながら演奏する）をしたりする筆者のようなタイプは、構造的に考えるよりも頭の中で歌いながらそれに従って指が自動的に動くため、手続き記憶の影響はとても大きいといえるでしょう。

また、「物を書く」という動作も手続き記憶です。作曲時の、楽譜に音符を書くという動作も、作曲家は一つ一つ意識しながら音符を書くことはありません。歌ったり、頭で音楽や演奏をイメージしたりすると、自然に手がそのイメージ通りに楽譜を書きます。まさに、絵を描くようにです。

これは一見、特別な能力に聞こえますが、決してそのようなことはありません。私たちは、母国語を耳で聴いただけでその言葉を紙に記すことができます。作曲家が、音をイメージしたり聴いただけで、それを楽譜に記すことができるのは、私たちほぼ全員がもっている能力を音楽に利用しているにすぎないといえます。

## 作曲家の音楽の聴き方

「プライミング記憶」は、以前の事柄が後の事柄に影響を与えるような記憶をいいます。直前の記憶（プライミング記憶）が人間の行動や意思決定に影響してしまうようなことを「プライミング効果」ともいいます。プライミング効果は潜在的（無意識的）な処理によって行われるのが特徴で、記憶した本人すらも気づかないこともあります。

プライミング効果は様々な場で頻繁に利用されています。例えばマーケティングです。売りたい商品に関連した情報（健康食品を売りたいときは、健康に関する情報）を、事前にSNSを使って発信しておくことで、それを閲覧した人に健康食品の購買心理を働かします。前述したように、閲覧した本人は、プライミング効果が働いていることに気づいていない（潜在的処理）ため、まるで催眠術にかかったかのような効果があります。「先入観や思い込み」とも深く関わっているともいえるでしょう。気づかないうちに私たちは、このプライミング効果によって他者から意思決定をコントロールされているというのは、なんとも恐ろしいものですね。

プライミング記憶は、音楽の作曲時にも多大なる影響を与えます。例えば、図1－7の『チューリップ』の曲を統計学習した場合、私たちの脳は、ドを聴いたあとレを予測するようになります。逆に、シ音が実際に聴こえると「ん、いつもの曲となんか違うぞ?」とビックリし、注意を向けるようになります。

これは一曲だけの例ですが、作曲家は過去の膨大な曲を統計学習し、音楽の一般的な統計モデルなるものを脳内で作成しています。これにより、はじめて聴く曲でも、脳は「この和音の次はこれ」と常に予測しながら聴いています。この予測の強さが、作曲家ではとても強くなります。音楽の一般的な統計モデルの無い脳では、正確な予測ができません。

例えば、子供の曲だけを聴いている乳幼児の脳は、クラシックの複雑な和音進行を予測できないでしょう。それに対して、様々な曲を学んできた作曲家の脳は、音楽の一般的な統計モデルと同時に、例えばベートーベンの統計モデル、バッハの統計モデルのように、一人ひとりの作曲家の統計モデルも作成しています。それゆえ、「この曲はバッハっぽい」などのような予測もできるようになります。この「～っぽい」というのがいわゆるプライミング効果です。これにより、聴くときだけでなく作曲時でも「この和音の次はこの和音」というのを、時に無意識に用いて曲を作ってしまうことも起こります。

以上のように、潜在記憶には主に「手続き記憶」と「プライミング記憶」があり、その両者とも統計学習が関与し、作曲にも影響を与えています。しかし、同じ潜在記憶でも、手続き記憶とプライミング記憶では、作曲への影響の仕方が多少違うのがわかります。

簡単に述べるなら、手続き記憶は、いわゆる「行動や運動の癖」であり、演奏しながら作曲したり、楽譜を書いたりするときに影響を与えます。その反面、プライミング記憶は「思考パターンの癖」といえます。音を聴いたら自然と次の音を予測したり、「〜っぽさ」を感じたりするように、曲や作曲者自身の特徴に影響を与えているといえるでしょう。

逆に、作曲者が、聴取者のプライミング効果を上手く利用して曲を創っている例もあります。例えば、Aメロ—Bメロ—Aメロのような構造の曲において、最初のAメロと最後のAメロは、大まかなテーマやフレーズが同じでもほんの少し変え、後半では前半の発展型のようなメロディーであることが多く見られます。これは、聴取者の予測をいい意味で裏切り（プライミング効果が起こる音とは逆の音を使う）、曲を飽きさせない構造にしていると考えることもできます。

## コード進行の秘密

言葉で説明しづらい潜在記憶は、統計学習によって得られ、癖や習慣、先入観などに寄与します。それに対して顕在記憶は自分の知識を言語化できるもので、私たちが一般に呼ぶ「知識」に該当するといえます。

顕在記憶は一般に「意味記憶とエピソード記憶」に分けることができます。[15] 意味記憶とは、物の名前や単語など「皆で共有できる」ような記憶を指します。どんな形や色であっても一定の要件を満たせば全て「鉛筆」と呼ぶように、どれに対しても見られる〝普遍的〟な特徴から、皆で共有できるような名前（意味）がつけられます。

音楽における意味記憶とはどのようなものでしょうか？　議論は分かれる所ですが、一つは「和音（コード）」がそれに相当するでしょう。例えば、ハ長調におけるDm7の和音は、ハ長調の最も基本的な音である「ド」から数えて〝2〟番目の音「レ」が根音になる和音で、2の和音（サブドミナント、Ⅱ7）と呼ばれます（図3-2）。また、ニ長調におけるEm7の和音も、ニ長調の最も基本的な音である「レ」から数えて〝2〟番目の音「ミ」が根音になる和音なので、2の和音（Ⅱ7）になります。このように、ハ長調における$D_{III}$の和音と、ニ長調における$E_{III}$の和音は、物理的には全く別の響きを呈する和音でも、〝意味的〟には同じ「2の和音」になります。

その他にも、基本的な和音列やクラシックのソナタなどのテーマ（モチーフ）もそれに相当するといえます（これを短いエピソード記憶と考える学者もいますが）。

例えば、クラシック音楽の理論に基づく曲には「Ⅱ—Ⅴ—Ⅰ」という和音（コード）進行がよく用いられます。

図3‐3は、ハ長調におけるⅡ—Ⅴ—Ⅰの和音進行の一例です。先程の例のように、Dm7と書かれている和音は、ハ長調の最も基本的な音である「ド」から〝2〟番目の音「レ」が根音になる和音で、2の和音（サブドミナント）と呼ばれます。続くG7と書かれて

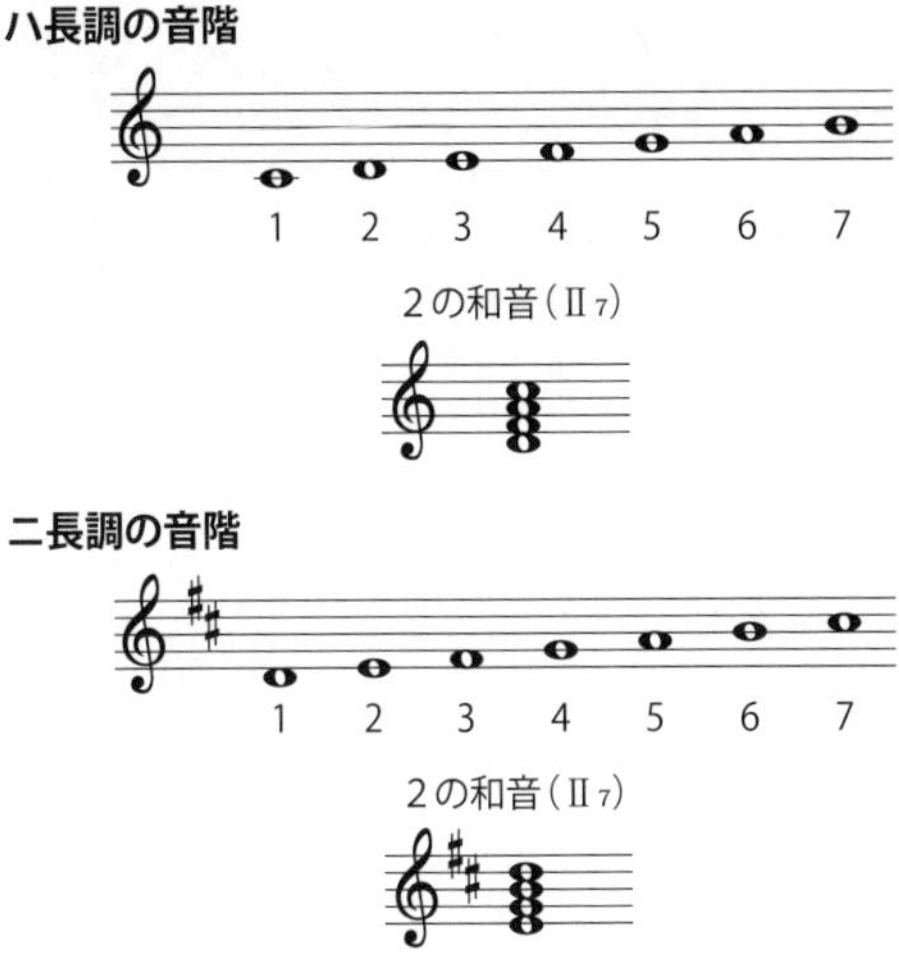

**ハ長調の音階**

1 2 3 4 5 6 7

2の和音（Ⅱ7）

**ニ長調の音階**

1 2 3 4 5 6 7

2の和音（Ⅱ7）

図3－2　2の和音（サブドミナント）は調によって異なる

図3－3　頻繁に用いられるⅡ－Ⅴ－Ⅰの和音進行

いる和音は、「ド」から〝5〟番目の音「ソ」が根音になる和音で、5の和音（ドミナント）と呼ばれます。そして最後のCと書かれている和音は、ハ長調における〝1〟番目の音「ド」が根音になる和音で、1の和音（トニック）と呼ばれます。

これらが並んだ和音進行は最終的に、2の和音↓5の和音↓1の和音となります。一般的な音楽では、この和音進行を頻繁に用いています。これにより、私たちはこの和音列を一つの情報の塊（意味記憶）として認識している、と考えることもできるでしょう。

## 実体験も創作に

意味記憶に対してエピソード記憶とは、個々の実体験（ストーリー）の記憶を指します。子供の頃に起こったエピソードや、自分の頭で物語をイメージするような記憶です。エピソード記憶は、基本的には意味記憶のような他人と「共有」されるものではなく、自分だけがもつオリジナルの記憶といえます。このエピソード記憶は、ストーリー生成や音楽の

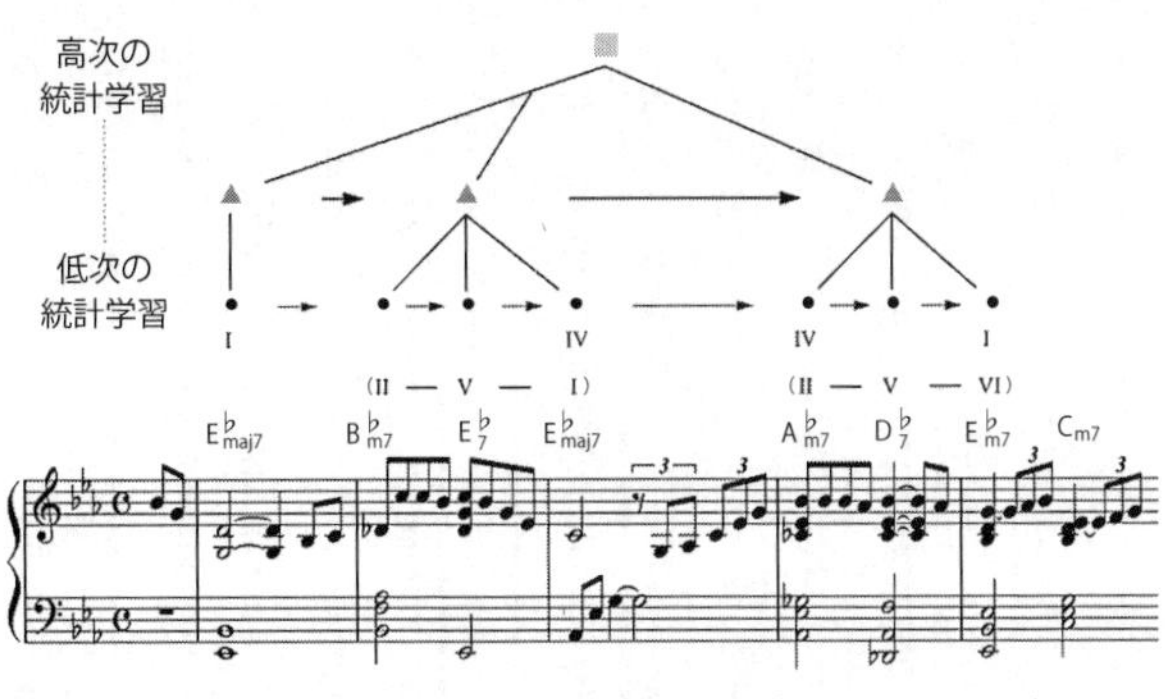


図3－4　音楽は、短いフレーズと記憶が組み合わさることで生まれる

フレーズを作曲する際に重要な記憶とされています。[1,16,17]

もちろん、フレーズの作曲はエピソード記憶だけで行われるものではありません。例えば、長いフレーズは、それより短いフレーズの塊が集まってできたものといえます。例えば図3－4では、二つの「Ⅱ—Ⅴ—Ⅰ（Ⅵ）」の和音進行、つまりサブドミナント（2の和音）→ドミナント（5の和音）→トニック（1の和音、または6の和音）の組み合わせからなっています。

このように、エピソード記憶のほか、複数の意味記憶や短いフレーズが様々な順序で組み合わさり共創することで、素晴らしい音楽ができあがるのです。

## オリジナリティが生まれるとき

潜在記憶と顕在記憶のように記憶の分類がなされていますが、各タイプの記憶は独立して存在しているわけではなく、それぞれが混じり合いながら存在し高度な記憶を形成しています。

また、もともとは潜在記憶だったものが、反復学習などの訓練によって顕在記憶へと変貌することもあると考えられています。[3-5, 18, 19] 統計学習によって得られる潜在記憶から、どのような工程を経て、他の記憶になっていくのでしょうか？

エリック・ティーセン博士やジェリー・アルトマン博士らは、情報の抽象化（一般化）と具体化（特殊化）の異なる統計学習メカニズムによって、このことを上手く説明しています。[20, 21]

まず、意味記憶の作成に関しては、第2章で説明した、情報の「チャンク」と呼ばれるメカニズムが関わっています。また、意味が付加されていない単語にチャンクされた情報の塊（第2章の例でいうと〝bidagu〟）に、意味が付加されて「意味記憶」になることも示唆されています。[22] 私たちは、このチャンクによって、身の回りのありとあらゆる情報から価値のある情報だけを抽出し、皆で共有できる意味記憶情報へと一般化させることができるのです。

単語のような意味記憶は基本的に、皆で共有し得る記憶です。そのため、そこから自分らしい表現や個性、オリジナリティは生じづらいといえます。自分のオリジナルの文章を生成するための、エピソード記憶的な統計学習の工程が必要になってきます。

意味記憶として保存された情報の塊（チャンク）は、脳内に「統計的辞書」として蓄積されます。先行研究によると、この統計的辞書に蓄えられた様々なチャンク情報を色々な方法で組み合わせることで文章を創作できるようになるといわれています。[20、21]

例えば、図3-4はサブドミナント（2の和音）→ドミナント（5の和音）→トニック（1の和音、または6の和音）の一般的な和音進行の塊（チャンク）が二つ出ているのがわかります。この「Ⅱ―Ⅴ―Ⅰ（Ⅵ）」という和音進行は頻繁に現れるため確率が高く、音楽を統計学習した場合、Ⅱ―Ⅴ―Ⅰ（Ⅵ）の塊は、一つの情報としてチャンクされやすくなります。そしてチャンクされることで、低次の統計学習ではⅡ―Ⅴ―Ⅰ（Ⅵ）と三つの情報は、一つ高次の統計学習では「Ⅳ」の和音としての機能をもつようになります。[23]

こうやってチャンクをしながら一つずつ高次の階層に移動することで、元々は、どの曲にも共通して存在していた「Ⅱ―Ⅴ―Ⅰ（Ⅵ）」の塊（統計学習の一般化に相当する）は、最終的に唯一無二のフレーズ（統計学習の特殊化に相当する）になるのです。

これは、全体的に用いている和音進行は一般的であっても、それらを組み合わせて用いたときに、曲の個性やオリジナリティが生まれることを指しています。

このように、脳は統計学習を通してチャンクした〝確実な〟情報に意味を与えて意味記憶にし、それを元にして組み合わせ方を変えることで、今度は自分だけの（不確実ともいえる）エピソード記憶を再度、統計学習によって再構成するのです。

## 脳の統計学習から作曲へ

### 不確実な音楽を追い求める作曲家

本章の最初に、「作曲家は新しい音楽を作る」と述べましたが、必ずしも新しいものを生み出す「だけ」がいい音楽とはいえません。第2章でも述べたように、脳の統計学習では、曲に内在する音の並びに関する「確率分布」とその「不確実性」を学習します。これにより曲を聴いている最中でも、次にどんな音がどのくらいの確率で起こりうるのかを予測しやすくなるので、珍しい（低確率の）不確実性の高い音だけに注意を払えばよくなります。

一方で、曲の頭から最後まで新しいもの（予測しづらい）尽くしだと、聴き手も疲れてしまいます。新しい音楽は、聴き手も未学習の情報であるため脳が予測しづらく不確実性の高い曲なのです。このように、皆で共有できるような「一般的な知識」を曲に織り交ぜながら新規性を加えた方が、聴き手に安心感を与えつつもその曲の個性を印象づけ、素晴らしい芸術作品へと昇華します。

この安心感と新規性のバランスを実現すべく、作曲家は統計学習による一般化（抽象化）と特殊化（具体化）を上手く使い分けて学習しています。統計学習による一般化は、音楽から高確率の塊をチャンク（圧縮）し意味情報を与えることで、皆で共有できる記憶（意味記憶）へと変換することです。いわゆる、和音やコードの名前を付加するようなプロセスです。また、前述のサブドミナント（2の和音）→ドミナント（5の和音）→トニック（1の和音、または6の和音）の和音進行の塊（チャンク）も、統計学習による一般化といえます。

それに対して統計学習による特殊化では、チャンクした複数の情報を色々組み合わせることでオリジナルのエピソード情報を生成することを指します。前述の例でいえば、サブドミナント（2の和音）→ドミナント（5の和音）→トニック（1の和音、または6の和音）の和音進行の塊（チャンク）を繋ぎ合わせて、オリジナリティの高い、長いフレーズを作るようなプロセスです。

不確実性の観点からいえば、前者は高確率の情報の塊をチャンクして一つの情報としてまとめて情報量を減らすので不確実性が低下しますが、後者ではチャンク情報を組み合わせて新しい情報を作成するので、不確実性が増加する傾向にあります。

私たちの脳は、慣れない新規性の高い曲を学習するときはまず、統計学習の一般化により不確実性を下げようとします。そして、完全に知識が定着しはじめたときに、今度は特殊化によりあえて定着した知識を壊し、新しい（不確実性の高い）曲を創ることができるのです。このように、情報のチャンク（圧縮）で脳の負荷を軽減することで、またチャンク情報を〝元手〟にして色々な方法で組み合わせることで初めて、オリジナルの情報を創作できるようになります。この不確実性に対して逆方向に動く2種類の統計学習がサイクルし、共創し合うことによって、不確実性に「ゆらぎ」が生じます。

音楽を〝聴く〟ときも似たような不確実性のゆらぎがあるといえます。例えば、聴いたことがあるようなメロディー（不確実性の低い）ばかりだと飽きてしまいます。しかし、曲の中に時々新しいメロディー（不確実性の高い）を入れたり、その後にまた聴いたことのあるメロディ（不確実性の低い）をもう一度入れたりすることで、曲の不確実性にゆらぎが生まれます。

## ベートーベンの挑戦

不確実性のゆらぎは、実際の作曲家の楽譜からも観測することができます。例えば、バロック時代からロマン派時代の変遷の最中にいたベートーベンは、昔から新しい不確実な音楽への挑戦に非常に意欲的だったといわれています。

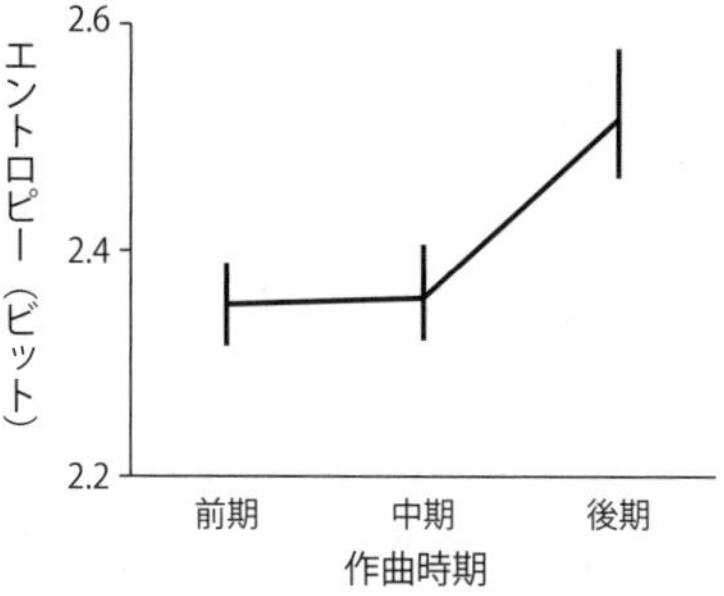

このことから筆者は、ベートーベンの生涯の曲を分析することで、不確実性のゆらぎが可視化できるのではないかと考えました。これを明らかにするべく、脳の統計学習の計算モデルを用いて、ベートーベンの『ピアノ・ソナタ』全曲の不確実性（情報エントロピー）を解析してみました。[24,25] その結果、図3－5に示すように、『ピアノ・ソナタ』前期から中期、後期になるにつれて、曲の不確実性が上昇していることがわかったのです。

この現象は、心理学的にどのようなことを示しているといえるのでしょうか？　本来、私たちの脳は、外部の



図3－5　ベートーベンの作品の不確実性

情報の不確実性を下げて情報を整理しようとします。この不確実性の減少が脳への報酬となります。しかし、完全に理解しきってしまうと（不確実性が下がり切ってしまうと）、その情報からはもはや報酬をのぞめないため、脳は新たな報酬を求めて、不確実な情報を求めるようになります。この、情報の整理と崩壊が不確実性にゆらぎを生み出すのです。

あくまで筆者の推測ですが、解析の結果から、彼は生涯、常に新しい音楽を求めて曲を作り続けて来たのかもしれないということです。

ここで、改めて振り返っていただきたいのは、「不確実性」がそもそも何を意味しているのかです。例えば、後期に、前期とは全く違う新しいフレーズを使用したとしても、その新しいフレーズを頻繁に用いていれば、曲の不確実性は低いままです。つまり、たとえ前期と比べてとても斬新な曲でも、曲内でそのメロディーが何回も流れるようであれば、「斬新だけれど単純な曲」になるわけです。

しかし解析の結果によると、不確実性は前期から後期につれて増加しています。このことは、彼が前期から後期にかけて、斬新さだけを求めたのではなく、曲内の複雑さも追求したといえるでしょう。

さらに、これもあくまで筆者の推測の域を超えませんが、ベートーベンの後期『ピアノ・ソナタ』は、彼の耳が聴こえなくなってきたといわれる時期と重なります。図を見てもわかるように、前期から中期よりむしろ後期で、突然不確実性（情報エントロピー）が高くなっているのがわかります。このことから、もしかしたらベートーベンは、耳が聴こえなくなってきたことで、外来的・顕在的な〝斬新さ〟（単純に過去とは違うもの）というよりはむしろ、彼自身の内面から湧き出るような、より内発的な〝不確実性〟を追求するようになったのではないでしょうか。

このように芸術性とは、ただ単に新しいものということではなく、作品に潜在する確実性と不確実性の「絶妙なバランスを追求」することにあり、安心感と不安感（または安定感と不安定感）がうまくバランスを取れることで、作品から最大限に報酬（知的好奇心や曲を理解したときの大きな喜び）を得られるのかもしれません。

## 統計学習の深さと個性

第2章でも述べたように、脳の統計学習には、遷移確率の次数の低いもの（低次）から高いもの（高次）まであります。この次数の違いは、記憶の「深さ」に相当します。この記憶の深さは、なにを意味しているのでしょうか？

その一つの仮説として、筆者の研究では、統計学習のなかでも特に「深い」統計学習に、個性や才能が潜んでいることを示しています。[25、26] 筆者は、3人のピアニスト（ビル・エヴァンス、ハービー・ハンコック、マッコイ・タイナー）の即興演奏の楽譜から、浅い統計学習モデルから深い統計学習モデルまでそれぞれ作成し、その統計学習モデルの個性を解析してみました。

その結果、浅い統計学習に比べて、深い統計学習で、各々の演奏家の個性が顕著に現れていることがわかったのです。例えば、図3-6がその結果です。ダイヤ、正方形、丸は、それぞれビル・エヴァンス、ハービー・ハンコック、マッコイ・タイナーを示し、点は各曲を示します。二つの点が近いとき、それらの曲の統計構造（≒統計知識）も似ていることを意味します。つまり、同じ形をもつ点が一箇所に固まっている場合、その形（演奏者）のもつ個性が曲にかかわらず共通して存在していることを示します。

図を見るとわかるように、1次（浅い統計学習）では、ビル・エヴァンス（ダイヤ）とマッコイ・タイナー（丸）の個性は顕著ですが、ハービー・ハンコック（正方形）の個性はあまり顕著ではなく他の2人の個性のちょうど中間あたりに位置しているのがわかります。しかし、統計学習が深くなるにつれて（4次～5次）、3人の演奏者の個性が互いに顕著に

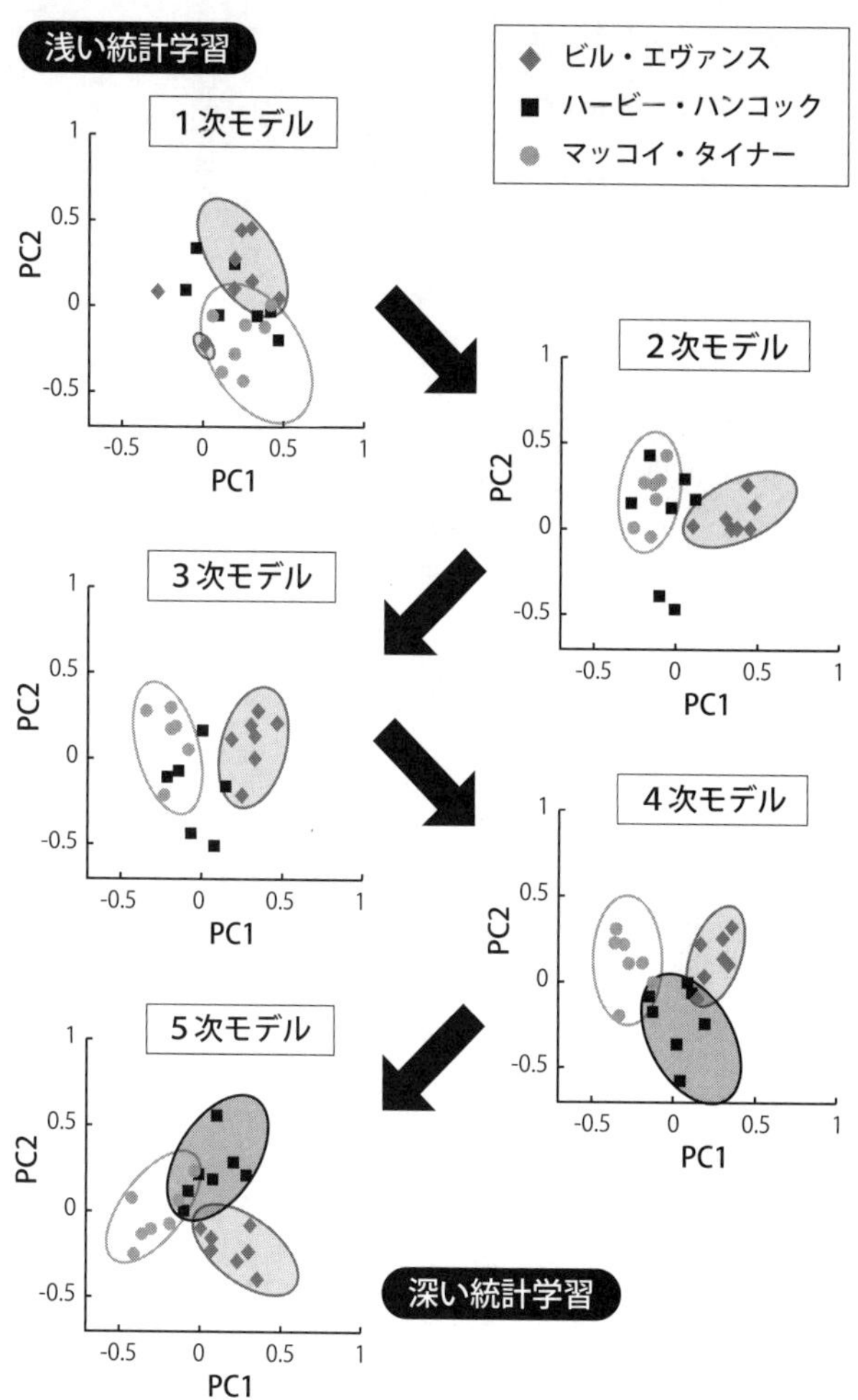


図3－6　統計学習の深さでわかる作曲家の個性

なっていくのがわかります。このように、浅い統計学習よりもむしろ深い統計学習によって得た記憶から、音楽表現の個性が生まれてくる可能性があるのです。

## 作曲する脳

第2章にて、音楽を聴取する脳内メカニズムをお話ししました。しかし、脳は音楽を聴くだけでなく、演奏したり作曲したりすることもできます。これを可能にするためには、さらに他の脳部位との連携が重要になります。第2章でも述べたように、一次聴覚野では「音の基本的性質」である音の大きさや高さ、それに音色などを認知します。しかし、そこからさらに「音」を「音楽」として処理するためには、主に二つの経路（腹側路と背側路）をたどり、それらが前頭前野で統合されることで、より高次の記憶になります。この前頭前野の記憶は、音や音楽を知覚（聴く）するだけでなく、音楽を作ったり表現したり（アウトプット）する際にも重要な情報となります。

筆者らは最近、前頭前野の機能と統計学習の関係に関して面白い結果を得ています。筆者らの研究チームは、脳への刺激により前頭前野の活動を一時的に抑制したときとそうでないときで、脳の統計学習効果がどのように変わるのかを調べてみました。その結果、前頭前野の活動を抑えたときに統計学習のパフォーマンスがあがることがわかったのです。このことから、ヒトの高次機能を司る前頭前野の機能は、逆にヒトに生得的で最も原始的ともいえる統計学習を押さえつけている可能性があります。

一方で、創造性を発揮して自由に創った曲でも、そのあとにそれを評価しなければなりません。先行研究によると、自分で何かを「創造」するときは前頭前野の機能が抑制される一方で、それを「評価」するときは逆に前頭前野の機能が活発化すると報告しています。[27]創造性に関する研究でも、創造性が本当に高い人の脳は、創造と評価にかかわる二つの神経ネットワークを効率よく活動させることができるとしています。[28]

このことから、前頭前野の抑制が必ずしも良いのではなく、抑制と活動の絶妙なバランスによって、自由な創造と、それを適切に評価して具体的な作品に落とし込むことが可能になるのかもしれません。

## 音楽の奇才と統計学習

世界で最も知名度が高いクラシック音楽家といっても過言ではない作曲家のモーツァルト。彼は、統計学習の天才だったということを示唆する研究があります。[29]実際、モーツァルトが世に残した功績は数知れません。一方で、1984年に製作された映画『アマデウス』では、モーツァルトの非常に変わった性格により、多くの人を困らせた様子が描かれています。例えば、排泄に関する駄洒落(だじゃれ)にあふれた手紙を人に送ったり、自分が作曲した曲を依頼人に渡すときには自分の家の床一面に譜面を並べ、1枚1枚拾わせたというエピソードは有名です。

モーツァルトに関するこれまでの資料や情報から、多くの研究者は、彼に関するある仮説を提言しました。それは、彼が「トゥレット症候群（Tourette syndrome）」だったのではないかということです。[29] トゥレット症候群とは、音声や行動にチックという症状をもつ障害です。例えば、音声チックには咳払いや短い叫び声、汚言症等があります。

汚言症では特に、突発的な罵りや卑猥な言葉等を発する癖があります。モーツァルトの曲のタイトルや文章には卑猥な単語が頻繁に使われており、これは音声チックに似た症状であること、また作曲時に歩きまわったりビリヤードで遊んだりと、過度に動き回るような多動症の傾向があり、これらは運動チックのような症状であることから、研究者らはモーツァルトがトゥレット症候群である可能性が高いと推測しています。

トゥレット症候群と統計学習にどのような関係があるのでしょうか？　近年の研究では、

トゥレット症候群の発生メカニズムの一つとして、手続き学習能力の異常な機能「促進」が原因だと報告されています。[30、31] 本章のはじめでもお話ししたように、手続き学習は統計学習（潜在学習）の一種です。つまり、手続き学習能力の異常な促進は、言い換えれば運動系の統計学習の異常な促進ともいえます。

このように、モーツァルトは統計学習能力が異常に優れていたのかもしれません。曲をたくさん作れるのも、ピアノが上手いのも、彼が即興演奏が得意であったことも、この異常なほど優れた運動系の統計学習能力や、統計学習による正確な予測や不確実性の把握から来るのだとしたら、モーツァルトの珍奇な行動は、まさに統計学習の奇才の代償ということもできるでしょう。

## 脳に障害がありながらも卓越した曲を生む作曲家

### モーリス・ラヴェル

脳の全ての機能が卓越していることと、素晴らしい曲を創る能力は必ずしも一致しているわけではありません。世の中でIQが非常に高い人や天才と呼ばれる人が、必ずしも素晴らしい曲を作曲できるわけではありませんし、逆に脳に障害がありながらも素晴らしい曲を生み出してきた作曲家もいます。

例えば、『ボレロ』などを代表作として数々の偉大な曲を遺したフランスの作曲家ジョゼフ・モーリス・ラヴェル（1875－1937）は、晩年、緩徐進行性失語症を患っていました[32]［注1］。緩徐進行性失語症とは、50歳以上に発症することが多い脳の変性疾患で、側頭葉が萎縮していくことで言語能力が阻害され失語症（言葉をうまく使えない）を発症します。

これまでも述べてきたように、言語と音楽の脳内メカニズムは非常に類似しています。このため、言語機能に関わる脳の障害は、音楽の能力にも影響を及ぼすと思うでしょう。しかし、結果は良い意味で予想を裏切るものでした。

ラヴェルの脳障害の症状は、1927年頃からすでにはじまっていましたが、症状発症後であっても、『ボレロ』（1928年）、『左手のためのピアノ協奏曲 ニ長調』（1930年）、『ピアノ協奏曲 ト長調』（1931年）、『ドゥルシネア姫に心を寄せるドン・キホーテ』（1933年）など有名な曲を遺しています。このことは、言語のようなヒトに特有な脳機能が侵されている状態であっても、音楽の作曲能力は充分に維持されているということを示しています。全ての症例に当てはまるわけではないのですが、少なくとも、音楽と言語を司る脳メカニズムは多くの共通点がある一方で、音楽特有の脳メカニズムも存在しているということは疑いのないことでしょう。

ラヴェルは晩年、オペラ『ジャンヌ・ダルク』などいくつかの曲を書き留めようとしましたが、失語症が進行したことで一文字も書き進めることができなくなりました。また、1934年頃には、文字の判読障害（失書症）や、無感情で表情の変化さえも消失します。[33] そしてついにはピアノの演奏自体も困難になっていたそうです。

しかし、そこまで病気が進行していたときでさえ、ラヴェルの頭の中では素晴らしい曲の構想が練られ、その音楽も頭の中で聴こえていたといいます。頭の中での音楽の想像、そして創造は決して言語だけでは説明できないものだったのでしょう。頭の中ではできているのに、それを楽譜に書き記すことができない、また演奏することができないもどかしさは、作曲家としてとても辛かったに違いありません。

また、ラヴェルの例から、現代の音楽の評価の仕方も考えさせられます。私たちは普段、言語化によって音楽のよさを評価します。これは、ある意味翻訳のようなものであり、音楽を言語で表すと必ずそこに何かしらの乖離が生じます。言語機能が侵されても音楽を創造できたラヴェルのように、言語を超えた何かが音楽にはあるのは間違いありません。

歴史的に見ても、言語よりもずっと昔から人は音楽を奏でていました。音楽を聴いたままに感動したままにし、決して言語化しない方が、実は「真に音楽を堪能している」といえるかもしれません。

## ジョージ・ガーシュウィン

アメリカの作曲家ジョージ・ガーシュウィン（1898－1937）は、1924年にクラシックとジャズを見事に融合させた曲『ラプソディ・イン・ブルー』を作曲するなど前衛的な曲を作曲し、また商業的にも大成功を収めた作曲家です。また、十二音技法で有名な作曲家アルノルト・シェーンベルク（第1章を参照）とも親交をもち、アメリカへ渡ったシェーンベルクとテニスを楽しんだというエピソードもあります（また、テニス相手には喜劇王チャーリー・チャップリンもいたそうです）。このように、映画音楽、ジャズ、ポップスなど他ジャンルの曲を生み出したガーシュウィンは、同時期の著名なクラシック作曲家らとの繋がりもありました。

一方で、ガーシュウィンは作曲をほぼ独学で学んでいたこともあり、すでに作曲家として世界的にも有名だったにもかかわらず、しっかりとクラシックを学び直したいという思いがありました。そのため、モーリス・ラヴェルに師事しようと彼のもとを訪ねたこともあったそうです。

前述したように、モーリス・ラヴェルは『ボレロ』など数々の偉大な曲を遺し、クラシック界に大きな貢献をした人物です。クラシック界の巨匠ともいえるラヴェルからクラシックを学び自分の作曲の幅を広げたかったのでしょう。しかし、ラヴェルは「二流のラヴェルになることはない、一流のガーシュウィンでいなさい」とこたえ、ガーシュウィンのお願いをその場で断ったそうです。

作曲家として成功し、音楽の新たな道を切り拓き、そして新しいことを学ぶことにも熱心だったガーシュウィンですが、その一方で彼は膠芽腫（こうがしゅ）という脳腫瘍を患っていました。さらに、ガーシュウィンの脳腫瘍は、音楽の処理に重要とされる右側頭葉に見られたのです。[34] このことから、脳腫瘍が彼の作曲活動にどのような影響を与えたのかについて、多くの学者によって議論がなされています。[35]

ガーシュウィンが亡くなる約1カ月前には、彼には脳腫瘍に関する重篤な兆候がほぼ全て現れていました。

しかし彼は右側頭葉の腫瘍がかなり進行していたにもかかわらず、作曲を続け成功をおさめています。これはどういうことなのでしょうか？

実際ここ10年くらい前までは、言語は左脳、音楽は右脳が処理しているという説が有力でした。しかし、近年の多くの研究により、この左右の脳の役割はそんなに単純に分けられないことがわかっています。特に重要なのは、音楽や言語などのような高度な情報を処理するためには、左右の脳のどちらかではなく、両方の脳の「協働」だということです。

例えば、言語も音楽も、リズムとピッチを有しています。近年の研究では、このリズムのような音変化の処理においては左脳が、そしてピッチのような音変化の処理においては右脳が寄与しているのではないかと示唆されています。[36]

それゆえ、ピッチ変化よりもリズム変化の激しい言語では左脳が優位になり、一方で、ピッチ変化の豊富な音楽では右脳が優位になるのです。ただし、これはあくまで「優位」というだけであり、やはり左右の脳の両方の処理があってはじめてリズムやピッチなどあらゆる情報が混ざった音楽や言語を適切に処理することができます。

また、脳の一部が機能障害に陥ったときは、他の脳の部位がその機能を代行するような能力も脳は有しています。例えば、左脳には言語野という言語処理に優位な部位がありま す。そこが障害を受けると、右脳の言語野に相当する部位で同様の処理を行うようになるのです。これと反対に、ガーシュウィンのように右脳を患っていても、正常な左脳の貢献によって音楽の作曲も可能になります。[35]

## ロベルト・シューマン

ドイツ・ロマン派を代表する作曲家ロベルト・アレクサンダー・シューマン（1810－1856）は、早くから音楽や文学に親しみ、作曲や詩作に豊かな才能を示しました。しかし、それと同時に、若い頃から精神・心理的な障害も抱えていました。自殺未遂の経験もあったことから、その症状はとても過酷なものであったことが窺えます。また、言語障害やめまい、耳鳴り、幻聴など、音楽家としての職業にも直接的に影響を与える症状もありました。

自殺未遂後、晩年を過ごしたエンデニヒ療養所のリヒャルツ博士が行った脳の剖検によると、シューマンの脳は同年齢の一般男子の脳と比べて軽く、萎縮していたそうです［注2］。しかし、症状が顕著に現れていた時期でさえも、シューマンは作曲を続け、『ヴァイオリン協奏曲』や作品134『ピアノと管弦楽のための序奏と協奏的アレグロ』など素晴らしい曲を遺しています。

芸術家には、精神的な障害を患っている人が多いことがわかっています。[37] 例えば、作家には不安症や躁うつ病、統合失調症などの障害をもっている人が多く、一般の人に比べ自殺率が約2倍も高いという報告もあります。

有名な芸術家の例でいうと、画家フィンセント・ファン・ゴッホ、小説家アーネスト・ヘミングウェイらも、精神障害の症状に悩まされ自殺を図ったことさえあるそうです。[38、39] なぜ、芸術家はそうでない人に比べて精神的障害を患う確率が高いのでしょうか？

この疑問に関して、特に社会科学・社会心理学的観点から様々な研究がなされています。例えば、「纖細さ」との関連です。創造性を発揮するためには、他の人が一見注意しないようなことに目を向け、それに没頭する力を要します。つまり、一般的にはどうでもよさそうな、ほんのちょっとした不確かな現象も敏感に感じとることで、それがきっかけとなって素晴らしい創造性を発揮することがあるのです。一方、この纖細さはマイナスに働くこともあり、通常の人にとってはどうでもいいようなことも気になってしまい、精神的なダメージを受けることも多くなってしまいます。

このように、高度な感覚処理感受性をもつ人たちを、ハイリー・センシティブ・パーソン（Highly sensitive person：HSP）とも呼びます。テッド・ゼフ博士の著書『The Highly Sensitive Person's Companion』（2007年）によれば、HSPは些細な刺激に対する感受性が高いため、人や環境における小さな変化や細かい意図に気づきやすく、それゆえに強い刺激を強いられる現代社会で暮らすのが大変だといいます。

一方、HSPでは喜びなども人一倍強く敏感に感じとるため、芸術への理解や独創的な発想をもつ人も多いといわれています。すなわち、感受性の豊かさや創造性の高さと精神的な打たれ弱さは表裏一体ともいえます。感性豊かな芸術家に精神的な障害をもっている人が多いのは、この敏感さとも関連しているかもしれません。

他の様々な研究からも、他者から見たら価値の無いと思われるようなことに興味をもって没頭するような人、一つのことに何時間も費やすような人にクリエイティブな人が多いといわれています。[37]

## ドは何色に感じるか？

世の中には、特殊な感性や感覚機能をもった人がいます。その一つとして「共感覚」があります。共感覚とは、外からの刺激に対して「通常の知覚」に加えて「別の知覚」も発生する現象です。どういうことかというと、例えば「音を聴くと色を感じ」たり、「文字を見ると色を感じ」たりするのです。これらはそれぞれ、色聴（sound-color synesthesia）や書記素色覚（grapheme-color synesthesia）と呼ばれています。

自分自身が共感覚保持者であると気づくのは、小学生前後の幼い頃の人もいれば、大人になって初めて気づく人もいるそうです。共感覚者は他の人がそれをもっていないことを知るまで、自身の体験が特別なことだと感じないことが多いのです。実をいうと筆者にも色聴があったようですが、これに気づいたのはわりと大きくなってからでした（しかし、実際の視覚機能は色弱なのも面白いものです。自分のことですが）。

音や文字に対応する色の種類は、多少の違いはあるものの、どの共感覚保持者でもある程度共通しているようです。例えば、新潟大学の伊藤浩介博士らの研究チームは、共感覚者15名を対象に音の高さ（ソなど）と対応色を答えてもらうテストを行いました[40]。その結果が図3－7（カラー口絵）です。研究者らは全員に共通するパターンを明らかにすべく、共感覚者の被験者間で各音に対応する色の平均値を計算しました。その結果、多少の個人差はありますが、ドレミファソラシの七つの音と、虹の七色がほぼその順番で対応するということが明らかとなりました（ちなみに、筆者にとってファは水色で、ソは黄緑色です）。

なぜ共感覚が起こるのかという問題は、長きにわたり研究され様々な仮説が提唱されています。例えば、小学生の頃、音楽の授業でピアニカなどを演奏するとき、音符に色のついたシールで目印をつけたことはないでしょうか？　または、ドレミの歌で「レはレモンのレ」という歌詞に印象付けられて、それこそプライミング的な影響でレを聴くと黄色をイメージするなどもあるでしょう。このような小さい頃の記憶の刷り込みによって、「レ」という言葉をレの音の高さに合わせて歌うと共感覚に似た感覚を得ることもあります。

しかし、共感覚は、基本的にその音の情報なしでも、例えばこの音がレの音であるなどの情報がなくても、レの音を聴くと黄色が見えるのです。ある意味「絶対音感」に近いもので、実際に絶対音感保持者や音楽家は、共感覚保持者のことが多いという報告もあります。

## 共感覚者の脳を探る

共感覚者の脳はどのようになっているのでしょうか？　その仮説の一つとして、通常で新生児期に起こる「刈り込み」が上手く起こらなかったというものです。簡単に説明すると、生後3カ月までの赤ちゃんには「異なる感覚（聴覚、視覚など）」の間に神経結合があります。この神経結合によって異なる感覚情報間で情報をやり取りすることが可能です。

しかし、3カ月を過ぎると成長過程において神経経路が刈り込まれることが知られています。これにより、異感覚領域間の神経結合がなくなり情報のやり取りもできなくなることで、逆に脳の部位ごとに特化した機能をもつようになるのです。これを、機能局在性といいます。

しかし、一定数の人では、この神経結合がそのまま維持されて、例えば音を聴くと色が見えるなどといった共感覚が発現します。大人になっても、異なる感覚情報間で情報をやり取りしてしまうのです。例えば、文字に色がついて見えるような共感覚者の脳は、文字を知覚する脳部位と、色を知覚する脳部位の神経結合が強いという報告があります[41]。アムステルダム大学のRouwsらの研究では、書記素色覚において数字を知覚する脳部位と色を知覚する脳部位の間に強い神経結合があり、この神経結合によって互いに情報交換していることを示唆しました[42]。

この仮説に基づけば、生まれたときには万人が共感覚をもっていたということになります。ある意味、刈り込みが起こる前の赤ちゃんはみな共感覚者ともいえるでしょう。しかし成長に伴って刈り込みが起こることで、通常はその力を失ってしまいます。実際、子供の頃は共感覚を強く感じても、成長につれて弱まっていくという報告があります。

共感覚は作曲家に多く存在していることがわかっています。例えば、『熊蜂の飛行』など数々の有名曲を作曲したロシアのニコライ・リムスキー＝コルサコフ、同時期に活躍したロシアを代表する作曲家アレクサンドル・スクリャービン等が共感覚者だったようです。また、ヤニス・クセナキス（第1章参照）の師でもあるフランスの作曲家のオリヴィエ・メシアンも共感覚者であることを、遺稿集『リズムと色と鳥類学の概論』にて述べています。

ワイマールの宮廷楽長を務めていた作曲家フランツ・リストは、オーケストラを指揮するとき、演奏者に「この音は黄色に！」等のように音を色として表現した指示ばかり出していたため、共感覚のない団員たちは大変困惑したというのは有名な話です。

しかし、他にも教示の仕方があったにもかかわらず、あえてそのような指示を演奏者に出すというのは、リストにとってそれほど音から感じる色の情報が音楽表現のために重要であったことでしょう。

また、共感覚者の芸術作品を見ると共感覚の独特の感性が垣間見えます。アメリカのメリッサ・S・マクラッケンは、音楽を絵画で表現する共感覚をもつ画家として有名です。これは他の人のように音や和音ごとに色が存在するという現象とは異なりますが、何かしら作品の創作にその共感覚的能力を活かしているのがわかります。

共感覚は生まれつき備わっている人も多いといわれています。このことを鑑みると、芸術家という職業が共感覚にさせたわけではなく、共感覚者という特性が、音や色から受ける感性を独特なものにし、それをなんとか表現したいために芸術家になったといえるかもしれません。聴覚だけでなく視覚的にも音楽を楽しむことができたことで、音楽の楽しみ方が通常よりも豊富だったり、また音楽を聴いたときの感覚や情動への影響を強く感じたりするのかもしれません。

実は共感覚に近い現象は、誰しももっています。その有名な例として、ドイツの心理学者ヴォルフガング・ケーラーが発見した「ブーバ／キキ効果」というのがあります。[43] これは、言語音と図形の視覚的印象との連想について見られる現象です。図3－8を見て下さい。被験者に丸い曲線とギザギザの直線の二つの図形の一方の名がブーバで、他方の名がキキであるといい、どちらがどの名だと思うかを聞きます。すると98％は「曲線図形がブーバでギザギザ図形がキキ」と答えるのです。この結果は年齢や言語の違いによらないと

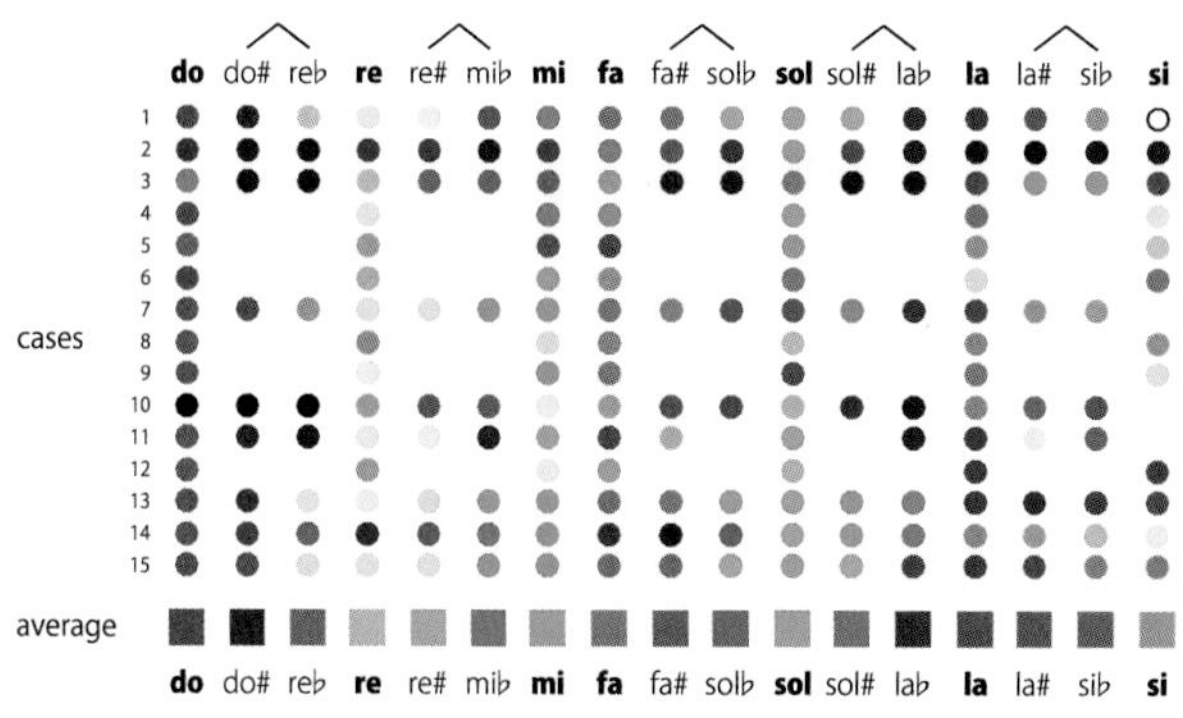


図３－７　音から色を感じる共感覚（色聴）の例。伊藤浩介博士（新潟大学脳研究所・統合脳機能研究センター）らの研究グループが法則性を明らかにした。[40] から引用

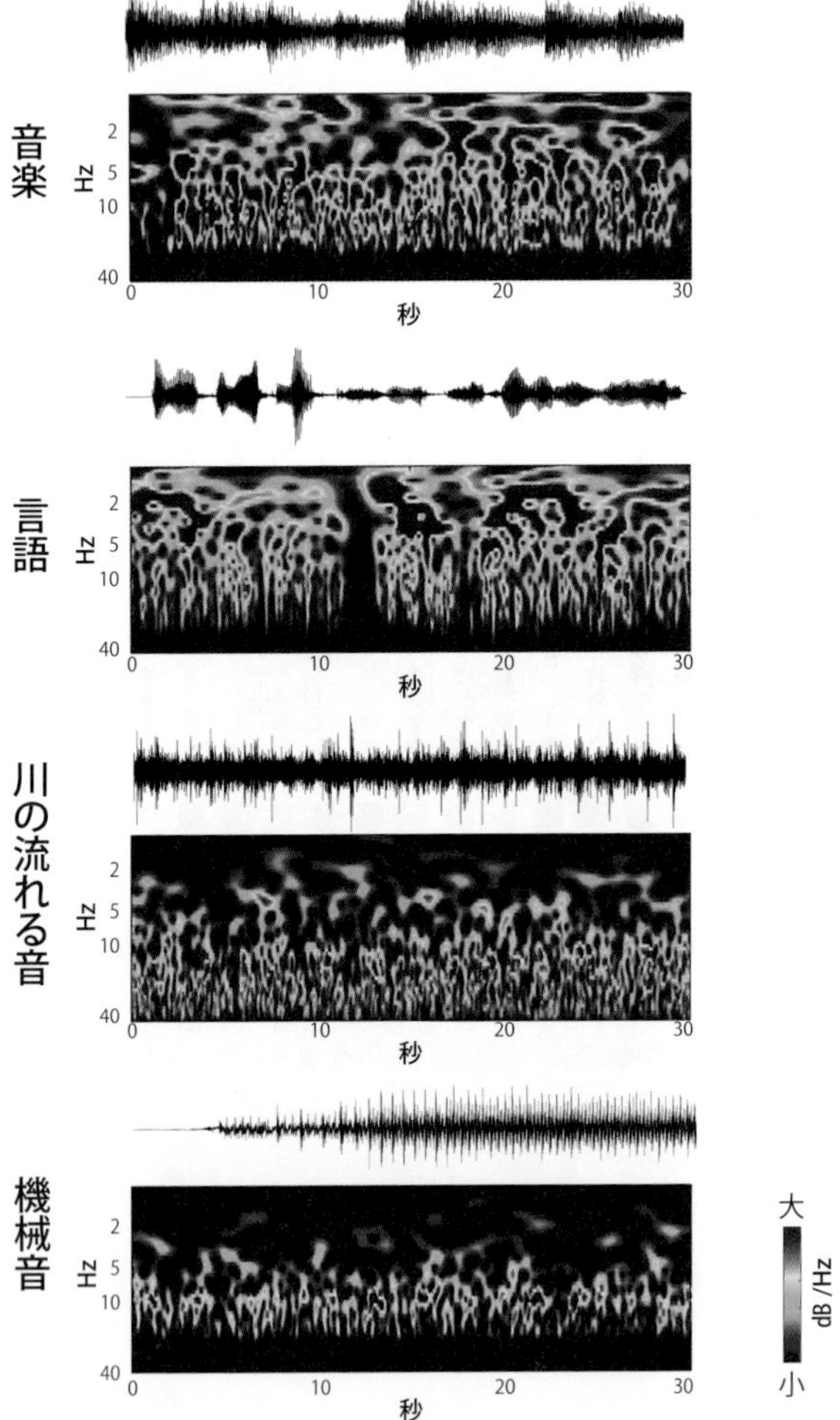


図5－6　様々な音のリズムの階層性

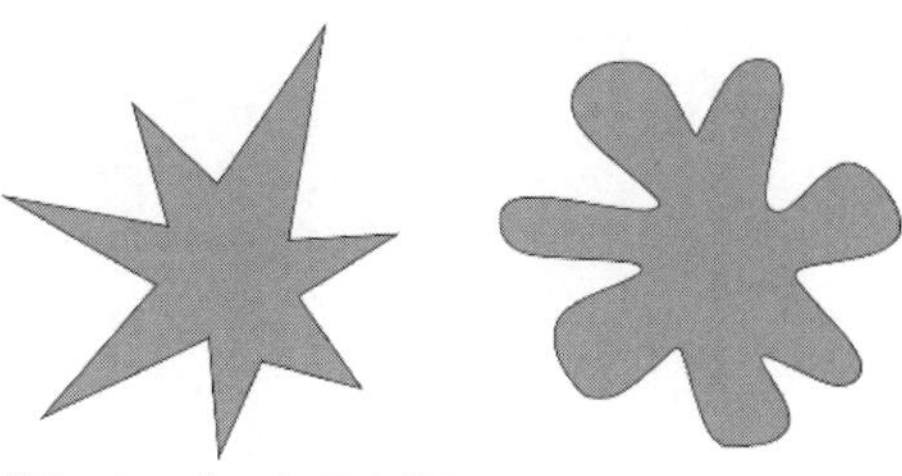

図3－8　ブーバ／キキ効果のテストで用いられる絵

いわれています。

このように、ほとんどの人は共感覚的なものをもっています。赤色に暑さ、青色に冷たさを感じるのもそれに近いかもしれません。音を聴いて色や形を連想するように、何らかの知覚された現象を他の感覚で置き換えて表現してみると、素晴らしい芸術作品が生まれるかもしれません。

［注1］ラヴェルは他にも、ピック病・ウェルニッケ失語・アルツハイマー型認知症の説がありました。しかし、正常な知覚を示していたことから、全般的痴呆を伴わない緩徐進行性失語症が有力な候補として挙がっています。

［注2］彼の死後から100年ほど経っても、シューマンの病気については統合失調症、結核性髄膜炎、脳腫瘍といったあらゆる推測がされていました。1959年、精神病理学と神経病理学の専門家マリオット・スレイターとアルフレッド・メイヤーはシューマンに関わるあらゆる医学的データを再調査し、シューマンの全ての病状に適合するのは第三期梅毒しかないという結論を下しました。[44]

## 参考文献


1 Zioga, I., Harrison, P. M.C., Pearce, M. T., Bhattacharya, J., & Luft, C. D. B. (2020). From learning to creativity: Identifying the behavioural and neural correlates of learning to predict human judgements of musical creativity. *NeuroImage, 206,* 116311.

2 Clark, R. E., & Squire, L. R. (1998). Classical conditioning and brain systems: the role of awareness. *Science, 280* (5360), 77-81.

3 de Jong, N. (2005). *Learning second language grammar by listening.* Netherlands Graduate School of Linguistics.

4 Ellis, R. (2005). Measuring implicit and explicit knowledge of a second language: A psychometric study. *Studies in second language acquisition, 27* (2), 141-172.

5 Ellis, R. (2009). 1. Implicit and Explicit Learning, Knowledge and Instruction. In *Implicit and explicit knowledge in second language learning, testing and teaching* (pp. 3-26). Multilingual Matters.

6 Paradis, M. (2004). *A neurolinguistic theory of bilingualism* (Studies in Bilingualism, Vol. 18). John Benjamins Publishing Company.

7 Norris, J. M., & Ortega, L. (2000). Effectiveness of L2 instruction: A research synthesis and quantitative meta-analysis. *Language learning, 50* (3), 417-528.

8 Perruchet, P., & Pacton, S. (2006). Implicit learning and statistical learning: One phenomenon, two approaches. *Trends in cognitive sciences, 10* (5), 233-238.

9 Hamrick, P., & Rebuschat, P. (2012). How implicit is statistical learning? In *Statistical learning and language acquisition* (pp. 365-382). Gruyter de Mouton.

10 Monroy, C. D., Meyer, M., Schröer, L., Gerson, S. A., & Hunnius, S. (2019). The infant motor system predicts

actions based on visual statistical learning. *Neuroimage, 185,* 947–954.

11 Tsogli, V., Jentschke, S., Daikoku, T., & Koelsch, S. (2019). When the statistical MMN meets the physical MMN. *Scientific reports, 9* (1), 1–12.

12 Sherman, B. E., Graves, K. N., & Turk-Browne, N. B. (2020). The prevalence and importance of statistical learning in human cognition and behavior. *Current opinion in behavioral sciences, 32,* 15–20.

13 Wiggins, G. A. (2020). Creativity, information, and consciousness: the information dynamics of thinking. *Physics of life reviews, 34–35,* 1–39.

14 Tomblin, J. B., Mainela-Arnold, E., & Zhang, X. (2007). Procedural learning in adolescents with and without specific language impairment. *Language Learning and Development, 3* (4), 269–293.

15 Squire, L. R., & Zola, S. M. (1996). Structure and function of declarative and nondeclarative memory systems. *Proceedings of the National Academy of Sciences of the United States of America, 93* (24), 13515–13522.

16 Cheng, S., & Werning, M. (2013). Composition and replay of mnemonic sequences: The contributions of REM and slow-wave sleep to episodic memory. *The Behavioral and Brain Sciences, 36* (6), 610–611.

17 Daikoku, T. (2020). Computational models and neural bases of statistical learning in music and language: Comment on "Creativity, information, and consciousness: The information dynamics of thinking" by Wiggins. *Physics of Life Reviews, 34–35,* 48–51.

18 DeKeyser, R., VanPatten, B., & Williams, J. (2007). Skill acquisition theory. *Theories in second language acquisition: An introduction, 97113.*

19 Fischer, S., Drosopoulos, S., Tsen, J., & Born, J. (2006). Implicit learning–explicit knowing: a role for sleep in memory system interaction. *Journal of cognitive neuroscience, 18* (3), 311–319.

20 Thiessen, E. D., Kronstein, A. T., & Hufnagle, D. G.(2013). The extraction and integration framework: a two-process account of statistical learning. *Psychological bulletin, 139*(4), 792-814.

21 Altmann, G. T. M.(2017). Abstraction and generalization in statistical learning: implications for the relationship between semantic types and episodic tokens. *Philosophical Transactions of the Royal Society of London. Series B: Biological Sciences, 372*(1711), 20160060.

22 François, C., Cunillera, T., Garcia, E., Laine, M., & Rodriguez-Fornells, A.(2017). Neurophysiological evidence for the interplay of speech segmentation and word-referent mapping during novel word learning. *Neuropsychologia, 98,* 56-67.

23 Daikoku, T., Wiggins, G. A., & Nagai, Y.(2021). Statistical Properties of Musical Creativity: Roles of Hierarchy and Uncertainty in Statistical Learning. *Frontiers in Neuroscience, 15,* 354.

24 Daikoku, T.(2018). Time-course variation of statistics embedded in music: Corpus study on implicit learning and knowledge. *PLOS ONE, 13*(5), e0196493.

25 Daikoku, T.(2019). Depth and the uncertainty of statistical knowledge on musical creativity fluctuate over a composer's lifetime. *Frontiers in computational neuroscience, 13,* 27.

26 Daikoku, T.(2018). Musical creativity and depth of implicit knowledge: spectral and temporal individualities in improvisation. *Frontiers in computational neuroscience, 12,* 89.

27 Liu, S., Erkkinen, M. G., Healey, M. L., Xu, Y., Swett, K. E., Chow, H. M., & Braun, A. R.(2015). Brain activity and connectivity during poetry composition: Toward a multidimensional model of the creative process. *Human brain mapping, 36*(9), 3351-3372.

28 Beaty, R. E., Kenett, Y. N., Christensen, A. P., Rosenberg, M. D., Benedek, M., Chen, Q., Fink, A., Qiu, J., Kwapil,

T.R., Kane, M. J., & Silvia, P. J. (2018). Robust prediction of individual creative ability from brain functional connectivity. *Proceedings of the National Academy of Sciences of United States of America, 115* (5), 1087–1092.

29 Ashoori, A., & Jankovic, J. (2008). Mozart's movements and behaviour: a case of Tourette's syndrome? *Postgraduate medical journal, 84* (992), 313–317.

30 Takács, Á., Kóbor, A., Chezan, J., Éltető, N., Tárnok, Z., Nemeth, D., Ullman, M.T., & Janacsek, K. (2018). Is procedural memory enhanced in Tourette syndrome? Evidence from a sequence learning task. *Cortex, 100,* 84–94.

31 Dye, C. D., Walenski, M., Mostofsky, S. H., & Ullman, M. T. (2016). A verbal strength in children with Tourette syndrome? Evidence from a non-word repetition task. *Brain and language, 160,* 61–70.

32 Otte, A., De Bondt, P., Van de Wiele, C., Audenaert, K., & Dierckx, R. (2003). The exceptional brain of Maurice Ravel. *Medical Science Monitor, 9* (6), RA134–RA139.

33 Alonso, R. J., & Pascuzzi, R. M. (1999). Ravel's neurological illness. *Seminars in neurology 19,* 53–57.

34 Silverstein, A. (1999). The brain tumor of George Gershwin and the legs of Cole Porter. *Seminars in neurology, 19,* 3–9.

35 Ruiz, E., & Montañés, P. (2005). Music and the Brain: Gershwin and Shebalin. In *Neurological Disorders in Famous Artists, Frontiers of Neurology and Neuroscience 19,*172–178. Karger Publishers.

36 Zatorre, R. J., & Belin, P. (2001). Spectral and temporal processing in human auditory cortex. *Cerebral cortex, 11* (10), 946–953.

37 Kyaga, S., Landén, M., Boman, M., Hultman, C. M., Långström, N., & Lichtenstein, P. (2013). Mental illness, suicide and creativity: 40-year prospective total population study. *Journal of psychiatric research, 47* (1), 83–90.

38 Holm-Hadulla, R. M., & Koutsoukou-Argyraki, A.(2017). Bipolar Disorder and/or Creative Bipolarity: Robert Schumann's Exemplary Psychopathology-Combining Symptomatological and Psychosocial Perspectives with Creativity Research. *Psychopathology, 50*(6), 379-388.

39 Holm-Hadulla, R. M., Roussel, M., & Hofmann, F. H.(2010). Depression and creativity—The case of the German poet, scientist and statesman J. W. v. Goethe. *Journal of Affective Disorders, 127*(1-3), 43-49.

40 Itoh, K., Sakata, H., Kwee, I. L., & Nakada, T.(2017). Musical pitch classes have rainbow hues in pitch class-color synesthesia. *Scientific reports, 7*(1), 1-9.

41 Weiss, P. H., & Fink, G. R.(2009). Grapheme-colour synaesthetes show increased grey matter volumes of parietal and fusiform cortex. *Brain, 132*(1), 65-70.

42 Rouw, R., & Scholte, H. S.(2007). Increased structural connectivity in grapheme-color synesthesia. *Nature neuroscience, 10*(6), 792-797.

43 Köhler, W.(1967). Gestalt psychology. *Psychologische Forschung, 31*(1), XVIII-XXX.

44 Slater, E., & Meyer, A.(1959). Contributions to a pathography of the musicians: 1. Robert Schumann. *Confinia psychiatrica. Borderland of psychiatry. Grenzgebiete der Psychiatrie. Les Confins de la psychiatrie, 2*(2), 65-94.

# 第4章　演奏家たちの超絶技巧の秘密

# 脳と演奏

## 脳のあらゆる機能を働かせる音楽演奏

作曲は「新しい作品を創る」行為であり、創造性や思考が脳機能の中心となります。一方で演奏は、すでに創られた曲を実際に「身体を使って表現する」行為といえます。このため演奏家は楽器を演奏するために脳の感覚運動機能のほぼ全てを活動させなければなりません。演奏自体に加え、楽譜も読まなくてはならないですし、動きを協調させて正確にアンサンブルするために演奏者同士でコミュニケーションをとる必要もあります。

例えばピアニストは、たった10本の指を駆使して、物凄いスピードでリズムを崩さず、楽譜をみながらも音を外さず完璧に、そして表現豊かな音楽を演奏します。普通は、指の動きを一つ一つ確認しながら楽譜を見て演奏すると、あんなに早く指を動かすことができません。ピアノ初心者が演奏すると、音を外さないだけで精一杯で、リズムもバラバラになってしまいます。

演奏中のプロセスは、脳のほぼ全体を働かせ、あらゆる脳部位の活動に影響を与えます。そして、私たちが楽器演奏の技能を習得すると、脳はそれに合わせて変化もします。脳の機能はもとより、脳の形態までもが変わるのです。この章では、音楽の中でも特に、演奏家に焦点を当て、演奏家の脳はどのようになっているのか、また演奏技能を習得することで脳はどのように変化するのかをお話しします。

## ワーキングメモリーの活躍

第3章では、脳の記憶を潜在記憶と顕在記憶で分けてお話ししました。しかし、脳の記憶を時間的な観点から分けることもあります。例えば、数十秒から数分の間だけ保持される「短期記憶」と、数時間から生涯保持される「長期記憶」です。第3章で述べた潜在記憶と顕在記憶は、一般的には長期記憶に分類されます。しかし、私たちは、短期記憶とは違ったタイプの記憶ももっています。

短期記憶とは、電話番号を聞いてすぐにその番号で電話をかけたあと、その番号を忘れてしまうような、本当に短い記憶を指します。一方、短期記憶の情報は時間の経過とともに忘却されますが、「リハーサル（反復）」によって長期記憶に転送されます。

短期記憶は一度にどの程度の量を記憶できるのでしょうか？　ハーバード大学のジョージ・ミラー教授らの研究によれば、一度に数字や単語を短期記憶できる限界は、人によって多少の違いはあれどおよそ7個だということがわかっています。これを「マジカルナンバー7±2」といいます。[1]一方で、情報の種類によっても多少の違いはあるようです。例えば、単語なら約5個、文字なら約6個、数字なら約7個まで一度に短期記憶できるようです。

短期記憶の一つに、作業記憶（ワーキングメモリー）というものがあります。これは、様々な情報を同時に並べ替えたり組み合わせたりする記憶であり、「黒板」に色々な情報を書き並べて作業しているようなので「心の黒板」ともいいます。

例を挙げると、会話は相手の話を一時的に記憶し、内容を整理し、話の展開に従って前の情報をどんどん削除していきます。まさに、一時的に黒板に書き留めてメモしながら、必要がなくなったらどんどん消していく黒板のような〝作業〟を常に行っています。この作業記憶は、会話、読み書き、計算、運動等の日常のあらゆる行動に関わっています。

もちろん、音楽も例外ではありません。例えば、演奏中はワーキングメモリーが大変活躍しています。ピアニストは楽譜や指を同時に見ながら、自分の演奏の音を聴き、そして

図4－1　心の黒板にさまざまな情報を描きながら弾く演奏家

感情豊かな表現を行っています。あらゆる情報を黒板に書き留め互いの情報を連結させ、曲が進むと同時にどんどん削除していくような作業です（図4－1）。この点で、演奏家は作業記憶（ワーキングメモリー）のスペシャリストともいえるでしょう。これは研究によって示されており、演奏家や音楽家では、そうでない人に比べて脳のワーキングメモリーが発達していることがわかっています。[2]

## 演奏する脳

脳のどのような働きによって音楽演奏のような複雑で感情をこめた動きができるのでしょうか？　図4－2は、演奏に関わる脳の各部位の機能とその連携に関して、簡単に示し

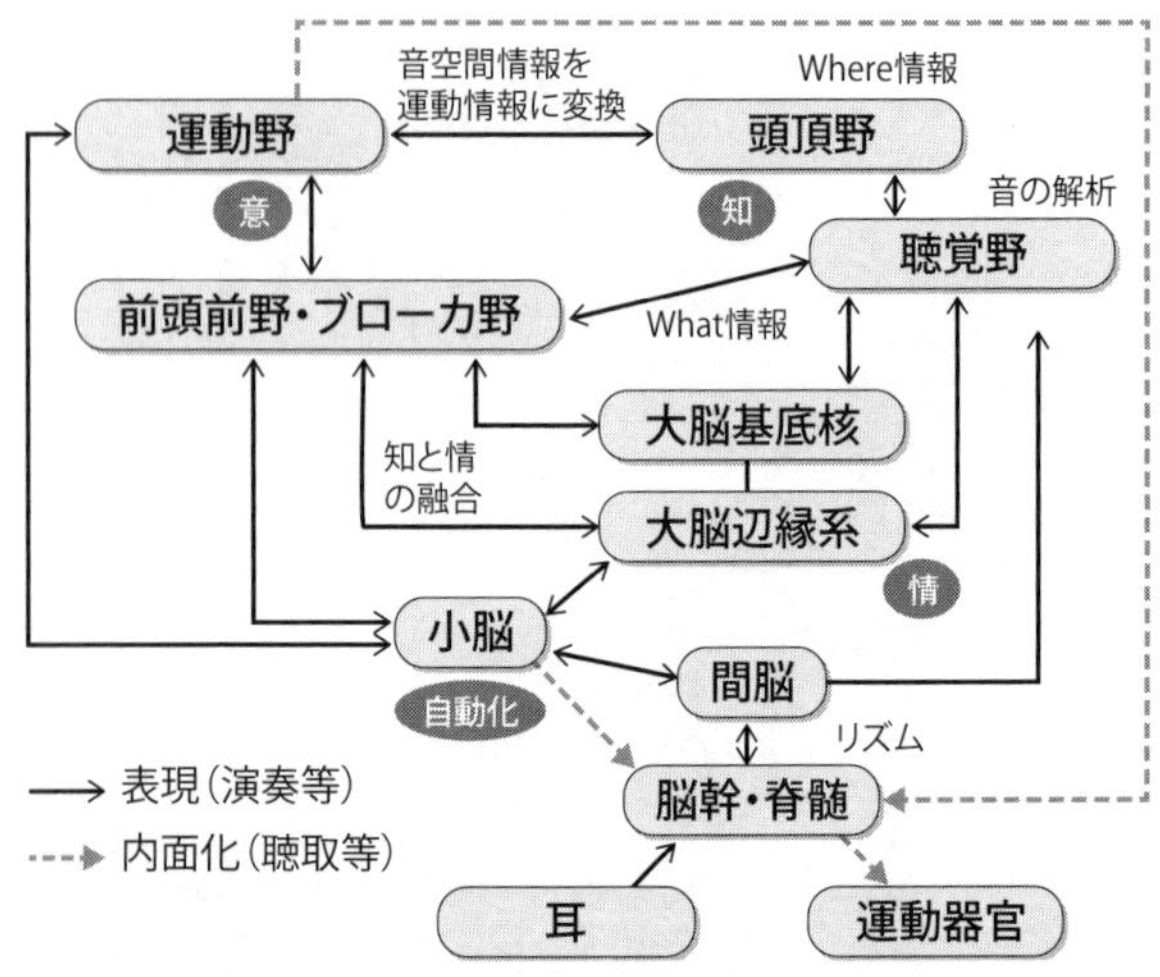

図4－2　脳の中で表現力が生まれる仕組み

たものです。脳が音楽を処理する際、主に腹側路と背側路の二つの経路をたどります。背側路からの情報と腹側路からの情報は前頭前野にて出合います。

前頭前野は、人間らしい行動を起こすのに最も重要な領域の一つです。例えば、前頭前野の外側部（背外側前頭前野）の機能の一つである「実行機能」は、自分の意志で何かを計画し、それを実行に移し、反省をすることで今後の計画や行動に活かすことができる力です。

また、内側前頭前野は人間の理性を司るような領域であり、感情や本能を調整しています。大脳深部の様々な部位と関わり、感情や感性をコントロールすることで、音楽の表現力を豊かにしています。[3]

音楽のアウトプットに関して、演奏と作曲があります。両者の脳内メカニズムはお互いに関連しあっているので明確に区分はできませんが、楽譜通りに演奏するときと、自由に作曲しながら演奏（即興演奏）するときの脳活動の違いについて、近年様々な研究機関で検証されつつあります。[4—10]

一般的に、感情を再現する技術が求められる即興演奏に比べ、楽譜通りの演奏では精密に楽譜を再現する技術が求められます。これまでの研究によると、自由に即興演奏しているときは楽譜通りに演奏するときに比べて前頭葉の実行機能が抑制されることが示されています。[4、6、11]また、他の研究では、[12]制限のない本当に自由な作曲を行っている際は、前頭葉の活動が抑制されますが、ある程度の制限のある作曲では脳の前頭前野の活動が活発になるそうです。

実行機能は、行動を計画・実行し、その実行によって起こりうる結果を予測し、予測を間違えたときは反省して将来の行動計画の改善に活かすことができる機能でした。例えば、「楽譜通りの演奏をする」という明確なミッションがある状態では、どのタイミングで特定の鍵盤を叩くかを計画し、その結果が計画（予測）と違っていた場合は、計画を修正して、最終的に全て計画通り（予測通り）になるように情報をアップデートしていきます。

一方、即興演奏では感情をコントロールする前頭葉の前部（前頭前野）の内側部の活動は維持していると報告されています。いかに間違えずに楽譜通りに弾くか、という明確な目標があるのに対して、自由な即興演奏は、間違いという概念や明確な目標がありません。つまり、楽譜通りの演奏に比べると実行機能の必要性が弱いのです。

また、演奏において特に重要なのは「小脳」です。練習を繰り返すことで小脳は、各音を鳴らす際の指の動きをいちいち考えなくても、ほぼ自動的に動かせるようにしています。このことから、小脳は手続き記憶とも深く関係しています。

このように、音楽処理に関わる脳内ネットワークによって創られた音楽知識は、感情や感性などに重要な大脳深部と連絡し、小脳による運動の自動化と組み合わさることで、複雑な感情表現によるピアノ演奏等が可能になっています。[13、14] 音楽演奏は脳のあらゆる部位が働き、互いに連携してようやく可能になっているのです。

## 音楽家の脳、非音楽家の脳

側頭葉には聴覚野という領域があります（79ページ）。ここでは、ピッチや和音など

「音の処理」を行っています。聴覚野を含めて大脳は成長に伴って拡大していきますが、特別な音楽トレーニングによってその拡大が促進するといわれています。[15] 特別な技能を学んだ人間の脳は、それを学んでいない人間の脳と解剖学的に異なるということです。

例えば、ハーバード大学の研究チームによる、プロの音楽家、アマチュア音楽家、非音楽家の脳の形態を比較した研究があります。[16] この研究によると、音楽家では非音楽家に比べて、聴覚野と運動野が大きいことを示しました。

また、技能訓練と脳の構造の変化に関して重要な報告があります。トレーニングによる脳構造への影響を明らかにするため、ドイツのレーゲンスブルク大学の研究チームは、3カ月のジャグリングのトレーニングが脳にどのような効果を与えるのかをMRIを用いて調べました。[17] その結果、3カ月のトレーニングを行うことで、ジャグリングに必要とされる視空間情報を記憶・処理する脳部位が拡大していることがわかったのです。

また、脳の成長が活発な若い人だけでなく、成長が終わった60歳前後の人でも同じようなトレーニングによる脳の変化が見られています。[18] しかも、この変化はわずか7日のトレーニング後でも観察されています。[19]

さらに、興味深いことに、その後3カ月間はジャグリングをしなかったところ、拡大した脳部位は元に戻ってしまうそうです。このことは、トレーニングを「継続」して行うことの重要性を示しているといえます。

## ピアニストの脳のネットワーク

脳は神経細胞から構成されています。その数は、脳全体で千数百億個にもなるといわれています。この膨大な脳の神経細胞たちは、互いに神経線維によって繋がり、電気信号を発してお互いに情報をやりとりしています。

音楽演奏に際しても、特定の脳部位だけが活動すればよいのではなく、脳のあらゆる部位が働きつつ、それらが互いに神経線維を通して連携（ネットワーク）することで、ようやく音楽演奏が可能になっています。また、技能が複雑であるほど（目指す演奏技量が上がるほど）、脳には複雑なネットワークが必要になります。楽器のトレーニングによって、解剖学的構造の変化だけでなく、脳内の新たな神経線維の連携が形成されていくのです。

スウェーデンのカロリンスカ研究所はプロのピアニストを対象に、ピアノトレーニングが脳のネットワークをどのように変化させるのかをＭＲＩを用いて調べました。[20] ピアニストは、自身の総練習時間を、小児期、青少年期、成人期に分けて答えました。その結果、ピアニストでは小児期では1000〜2000時間、青少年期では2000〜4000時間、成人期では1万5000〜3万時間でした。そしてMRIを用いて全実験参加者の脳を計測した結果、小児期における練習時間が多ければ多いほど指の運動に重要な脳部位の拡大が見られました。

さらに、小児期と青少年期の練習時間が多いほど、「脳梁（のうりょう）（左右の半球を結ぶ束）」も大きくなっていることが示されました。脳梁の一部は、両半球の聴覚野を神経線維によって連携します。この神経線維の連携により、より高度な音楽処理ができるようになりスピードも上がります。脳梁の変化に関して、ハーバード大学の研究チームでは、プロの音楽家の方では脳梁の特に「前部」が大きくなっていると報告しています。[21] またどちらの研究においても、音楽のトレーニングをなるべく早い時期に行った方が、脳梁の変化も顕著であることを示しています。

### 音楽訓練のすごいメリット

これまでは、音楽演奏の訓練などによる脳の「解剖学的（構造や大きさ）」変化についてお話ししました。しかし、楽器の訓練による脳の変化は「大きさ」だけではありません。

楽器を習得すると、脳の機能に関しても変化が起こります。

脳は、電気信号を発することで情報をやりとりしています。ミュンスター大学のクリスト・パンテフ博士らの研究チームは、ピアノの音に対する聴覚野での電気的反応がピアニストと非音楽家との間で異なることを示しました。[22]

また、電気的反応の強さはピアノを習い始めた年齢と相関しているそうです。つまり、ピアノ音に対する電気的反応の大きさは、生まれつきなのではなく、生まれたあとのトレーニングによって起きた現象といえます。

一方で、非ピアノ音（純音、[注1]）に対する聴覚野での電気的反応はグループ間で差が見られませんでした。このことから、音楽トレーニングをしたときの音の種類にも応じて電気的反応が変化するということがわかります。例えば、ピアノを習ったなら聴覚野はピアノの音に強く反応し、バイオリンを習ったなら、バイオリンの音にとりわけ強く反応するのです。

さらに、音楽訓練のメリットは聴覚全般の処理能力向上だけではありません。音楽は感情表現を含む高度な機能であるため、音楽訓練を積むことで、感情のコントロールに重要な前頭葉との連携も強くなるといわれています。[23]これにより、複雑で抽象的な音楽的感性を精密に表現できるようになるのです。

## 演奏と脳の予測

### 認知と行動の連鎖

脳は常に外界の現象を〝予測〟しています。私たちは、日々の統計学習を通してこの予測の精度を上げ、不確実性を下げていくことで、予測外のことに注意を払い、危険を適切に察知することができるようになります。

この本では、脳の統計学習により外界の情報の統計的確率を計算するとお話ししました。しかし、私たちの脳はただ単に外部情報を「知覚」するだけではありません。私たちは、外界のあらゆる現象に自ら働きかけて、確率を操作したり、計算しやすくしたりすることもできます。

例えば、ピアノを見ただけでは弾き方はわからないでしょう。実際に自分で触ってはじめて、どのくらいの強さで弾くとどのくらいの音量が鳴るのかがわかります。また、ピアニストの指の動きを見ただけでは、どういった指の動きが難しいのかもわかりません。自分の指で弾いてはじめて難しい指の動きがわかります。

統計学習の観点から考えれば、予測がしづらい（不確実な）部分ともいえます。なぜなら、「こういうつもりで弾いてこういう音を出そうと思ったのに（予測したのに）、指が思うように動かず予想外の音がでてしまった」からです。しかし、実際の自分の指で弾いてみることで、不確実な箇所を認識し、そこだけを重点的に効率よく練習することで予想通りに指が動かせるようになるのです。

こういった、運動や行動によって脳の学習を効率的に働かせるメカニズムは「認知―行動サイクル」と呼ばれます。[24]「行動」によって外界へ能動的に働きかけることで、外部情報をさらに予測・認知しやすくし不確実性を下げるメカニズムです[25]（図4－3）。

例えば、「母国語」もこの認知―行動サイクルで学習しています。赤ちゃんは、文法や単語の意味、そして話し方を明確に理解する前から、色々と試行錯誤を繰り返しながら〝自分で声に出して話すことで〟、自分の声がどのような音を出すのか、そして親からどのような返答が返ってくるかを学習しています。それによって、ほんの数年程度で、言葉を流暢に扱えるようになるのです。

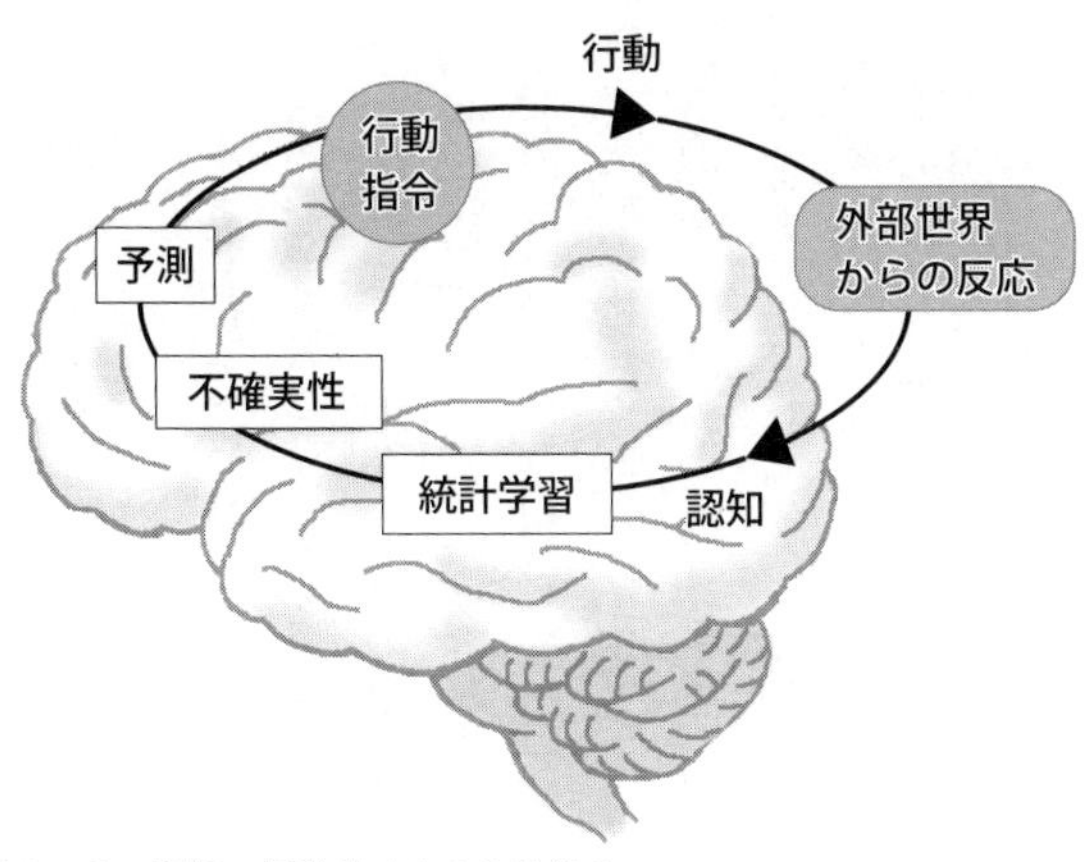


図4－3　認知―行動サイクルの仕組み

逆に、私たちが外国語を学ぶときは「読む、聞く」といった受動的な学習がほとんどです。その結果、中学と高校で6年間も英語を学んでいるにもかかわらずなかなか英語が得意になれないのは、誰しも経験があることでしょう。言葉だけでなく他のあらゆる学習においても、自分で「能動的」に行動して外部に働きかけるか否かで、その後の学習到達度に大きく差が出ます。

演奏家は、この認知―行動サイクルを常に行うことで、不確実性を下げ、学習を促進させているといえるでしょう。ピアノの弾き方を、どんなに上手に言葉で理解していても、実際に弾いて失敗を繰り返しながら学習しない限り上手にはならないように、何かしら卓越した能力を獲得するためには、受動的な認知のみの学習ではなく、能動的に行動しながら学習することが非常に重要なのです。

## イメージトレーニングによる楽器練習

人間の脳の聴覚野と運動野は神経線維結合という連携によって、お互いに情報をやり取りしています。[26] 聴覚―運動の連携は、前項の認知―行動サイクルや統計学習にも重要な役割を果たします。近年の研究によると、この聴覚―運動の連携の強さは、統計学習能力や音楽能力の高さとも相関していることが示されています。[27,28]

音楽演奏の観点から考えると、自身で演奏し（運動）、それによって生じた音を知覚（聴覚認知）することで、「どういった動きをすることで、どのような音が鳴るのか」の対応が正確にできるようになります。この認知と運動のサイクルを使って、演奏のトレーニングをすることで、演奏技術が向上するのです。

面白いことに、実際に身体を使って行動をしなくても、運動を想像するだけでこの聴覚―運動システムは活動します。[29] 特に、ピアニストなどの音楽家では、この演奏の想像による聴覚―運動システムの活動が顕著だそうです。[28] つまり、演奏家は、実際に身体を使って練習しなくても、イメージトレーニングだけで演奏技術が向上するのです。

また、演奏家では、音を聴くだけで（意図的に連想しなくても）聴覚―運動システムが機能すると考えられています。「すごい」と思う読者もいるかもしれませんが、実はこのような機能は、音楽家や演奏家でなくてももっています。その例が、言語です。私たちは、特に第一言語の音声を聴いただけで、聴覚―運動システムに関する脳部位が活動すると報告されています。[30] このことから考えると、演奏家は訓練によって、音楽を第一言語のように扱えるといえるでしょう。

## ピアニストが一瞬で楽譜通りに弾ける理由

第2章で述べた、「チャンク」のメカニズムも楽器演奏の技術と関係しています。チャンクとは、ぱっと見たり聴いたりしたときに「まとまり（意味的な塊）」を感じる単位のことです。例えば、「今日はいい天気です」という文章からは、「今日は」、「いい」、「天気」、「です」といった四つのチャンク（まとまり）を人は感じ取ることができるでしょう。このチャンクの量は、一般的に熟達度と関わっていると考えられています。つまり、訓練や練習を繰り返すことで様々な情報がチャンクされ情報処理効率が上がり、階層的な構造がで

チャンクなしの場合（ピアノ初心者など）

チャンク8つの場合（ピアノ経験者など）

チャンク2つの場合（プロのピアニストなど）

図4－4　ピアニストと初心者のチャンク（まとまり）の認識の違い

きあがるのです。

楽器演奏に関しても同様で、初めてピアノを習う人は楽譜の音符一つ一つを見ながらゆっくり弾かないと間違えないで弾くことはできません。しかし慣れてくると、数小節単位の音符の並びをひと目見ただけで理解しスムーズに弾けるようになってきます。これは、複数の音符を一つの塊として認識できるようになることで、処理速度を上げているからといえます。

例えば、図4－4を見て下さい。この楽譜を初めて見たピアノ初心者は音を一個一個確かめながら弾くので、演奏スピードは遅く、脳への負荷も大きくなります。しかし、ピアニストは、この楽譜を一瞬見ただけで素早く演奏することができます。これは、複数の情報の塊を一つの単位として、認識することができるからです。

例えば、図の楽譜では、細かくチャンクするなら、八つの塊、大きくチャンクするなら二つの塊などのように情報を圧縮することができます。また、さらにプロフェッショナルになってくると一つのチャンクを認識するだけでも演奏が可能です。なぜなら、それぞれ八つずつの音符の塊は全て、最初の八つの塊の応用系だと認識できるからです。

このように、バラバラになっている情報を繋げてチャンクしていくことで、インプットやアウトプットをする際の脳への情報処理の負荷を軽減することができます。コンピュータに置き換えてみればわかるのではないでしょうか。新しく整理されていない負荷の重い情報をコンピュータに保存するためには、もとからコンピュータの中にある情報を整理したり圧縮したりして、できるだけ容量（メモリーやストレージ）を空けておく必要があります。脳もコンピュータと同様で、複数の情報を一つに「圧縮（チャンク）」することで、情報処理効率を上げることができるのです。

## 演奏から生まれる個性

### グレン・グールドとは何者だったのか

本来、決められた楽譜通りに弾く練習をすれば、全く同じ音楽ができるはずです。しかし、人間の演奏は機械とは違い、たとえ同じ楽譜であってもその演奏には必ず何かしらの「個性」が垣間見えます。元々ある曲から作曲者の意図を崩さず、かつ自分なりの個性を出す（演奏する）という行為は、機械ではなく「人」ならでは可能な、非常に高度なテクニックといえます。

なぜ、人の演奏では「個性」が現れるのでしょうか？　どれか一つの理由だけで個性が生まれるわけではありませんが、本書では筆者の研究分野である「統計学習」の観点から考えてみたいと思います。

クラシックピアニスト史上最も個性的で最も奇才な存在の一人として知られるカナダ人ピアニスト、グレン・ハーバート・グールド（１９３２－１９８２）は、演奏だけでなく性格や癖などにおいても極めて特殊でした。彼は風貌や見た目も個性的で、夏でもお気に入りのコートとマフラーに身を包み、ピアノ演奏時には椅子の脚を切り落とした極端に低い椅子を使用したり、ハミングして歌いながら弾いたりなど他の多くの演奏者とは色々な面で異なっていました。

当時は彼の演奏や行動に批判的な人も多かったようですが、それも含めて彼は常に注目を浴びるクラシック界のアイドルであったことに違いありません。しかし、グールドは決して常に人の注目を浴びていたい目立ちたがり屋なのではなく、むしろ周りから何を言われようと自分の信じる道を突き進んでいく、ある意味「孤独者」であったと言われています。

映画『グレン・グールド 天才ピアニストの愛と孤独』の中で、グールドの恋人フランシス・バローをはじめ、彼と交流をもった様々な人間は、彼の強過ぎる個性や社交性の低さをインタビューで語っています。しかし、その特殊な個性と音楽に対するひたむきさこそ、彼の音楽性や芸術性を昇華させたといっても過言ではありません。

彼は、ピアニストとして重要な披露の場ともいえる「コンサート」を嫌っていました。グールドは30代前半でコンサート活動を止め、最後に「コンサートは死んだ」という強烈な言葉を残してステージを去ります。しかしこの理由には、繊細で完璧主義な性格や、音楽に対する強いこだわりが根底にありました。彼は、コンサートではなく〝レコード録音〟に意義を見いだし、その後、多くの素晴らしい演奏を残すのです。彼は今でもクラシック界の異端児と言われ、世界中の演奏家や聴取者へ影響を与え続けています。

特に、彼のバッハの鍵盤作品に関する大胆で個性的な解釈と演奏は、ずば抜けています。彼は演奏家であると同時に、熱心な「音楽研究者」でもありました。バッハなどの過去の偉大な作曲家の音楽を演奏するだけでなく、「新しい音楽」を開拓すべく現代音楽にも目を向けた人物でもあります。

例えば、当時では今よりもかなり前衛的であったシェーンベルクの「十二音技法」もグレン・グールドは好んで演奏しました。グールドの音楽に対する渇望や新しいものへの欲求、型にはまらない演奏法を編みだすモチベーションを、脳が生まれながらにもつ統計学習の機能から考えてみたいと思います。

## 不確実性のゆらぎと感動する演奏

我々は脳の統計学習により、次にどんなことがどのくらいの確率で起こるのかを無意識に予測できるようになります。[31–35]これにより、社会環境の中で危険を適切に察知しながら安心して生きていけるようになってきます。また、情報を整理して予測の「不確実性（あやふやさ）」を下げることで、脳の情報処理効率性も向上します。この不確実性の低下が脳への報酬となるため、私たちの脳は報酬をたくさん得るべく、あらゆる現象を予測し、理解しようとします。

一方で、全てを理解しきった（不確実性が下がりきった）情報に対して脳はもはや興味を示さなくなります。なぜなら、すでに不確実性が下がりきった状態からそれ以上不確実性を下げて報酬を得ることができないからです。ここで起こる現象は、脳の「飽き」です。脳は理解しきった情報を「つまらない」と感じてしまい、他に何か面白そうなことはないかと、あえて不確実（不確か）な情報に興味をもつようになります。新しい不確かな情報は得体が知れず不安ではありますが、不確実性が下がりきった情報よりは、今後多くの報酬が期待できるのです。

このように、人間の脳の統計学習には、不確実性を下げたい願望と、不確実な情報への興味という、相反する二つの力が互いに引き合うような形で存在しています。そしてこの相反する力が不確実性に「ゆらぎ」を生み出します。

近年では、この「ゆらぎ」が芸術的感性や個性、そして創造性に多大な影響を与えていると考えられています。[36]我々人間は、まさにこの「ゆらぎ」の世界を楽しんでいるといえるでしょう［注2］。では、このゆらぎは人間の脳内でどのように認知されるのでしょうか。

例えば図4－5は、ある情報を90％の確率で予測しているときの脳の状態を表していま す。上の図は学習前の脳の状態、下の図は学習後の脳の状態です。山は、確率のばらつき度合いを示しています。どちらも、山のピークは90％なので、〝何％か〟という統計知識は変わりません。違うのは、山の鋭さです。これは、予測の「確信度」に相当します。

90％をピークに山が横に広がっている状態（上：学習前）というのは「次にAが来る確率は多分90％だけどあまり確信がない状態」を意味します。山が鋭くなればなるほど（下：学習後）「Aは90％である」という確信度が高い状態を表しています。これは、学習によって情報のばらつきが少なくなり、ある現象に対して安定して、〝確実〟に90％を予測できるようになっていることを意味します。

同じ確率であっても、予測の精度（確信度）が変わるということはよくある現象です。例えば、サイコロを6回だけ降って1が1回出た場合の1が出る確率は1／6（16・7％）ですが、その確率は本当に正しいのでしょうか？　もしかしたら細工されていて、今回たまたま1回だけ出ただけではないのかと思うかもしれません。しかし、600回振って1が100回出た場合は、6回のときに比べて確信をもって1が出る確率が1／6であるといえるでしょう。回数を経ることで予測の精度は上がることがわかります。

他にも、10種類の情報が10回提示されたとき、Aという情報が10％の確率（1回）で来

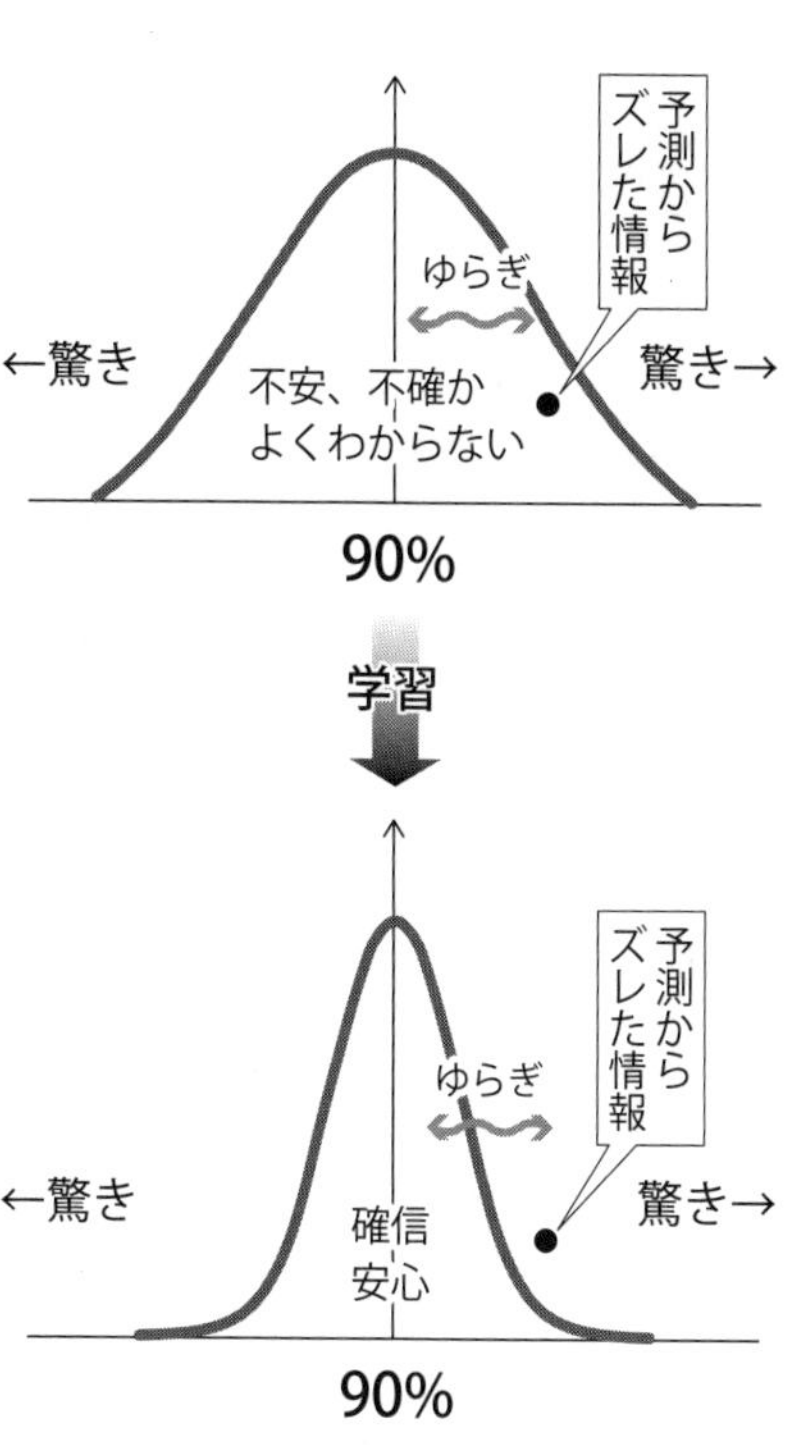

図4－5　学習前後におけるゆらぎの認知の変化

て、次の10回で90%の確率（9回）で来た場合、平均では50%（10／20）になりますが、ばらつきが非常に高く安定していません。一方で、最初の10回で5回、次の10回でも5回来たときは、平均は同じ50%だとしても、前者の例に比べるとより確実に50%であるといえそうです。このように、予測精度を上げて安心して外界の情報を認知できるようにするのが、脳の統計学習の根本的な機能です。

例えば、グレン・グールドも愛したとされるシェーンベルクの「十二音技法」は、12個の音を均等に鳴らす手法です（第1章参照）。これは遷移確率とは違いますが、出現確率という観点から見れば、全ての音は1／12の確率で現れるといえます。つまり、確率的には、予測が最も難しい音楽といえます。

しかし、それでも十二音技法の曲を聴き続けると、脳は段々と音楽的な素晴らしさを堪能することができます。これも、（遷移確率ではないものの）脳の統計学習に関する確信度の変化の賜物といえるでしょう。予測が難しい音楽でも、聴き続けると確率分布の山が鋭くなり「予測が難しいこと自体を理解」することができるのです。

さて、この山の鋭さが、ゆらぎや個性とどのように関係しているのでしょうか？

基本的に人は、常に新しいものに触れ続けると脳がその情報を処理するためのエネルギーをたくさん使ってしまうため疲れてしまいます。一方、常に当たり前すぎるものに触れ続けても脳は飽きてしまい、知的好奇心や感動も生まれません。このように、あまりにも予測からズレすぎず、当たり前すぎない「微妙なズレ」に、人はなんともいえない感動を覚えると考えられています。ある程度わかるけれど、ちょっとわかりづらい「予測や経験からの微妙なズレ」が、知的好奇心や興味をくすぐるのです。

## 完璧の壁を超えたその先に

グレン・グールドは、個性的な演奏とは裏腹に、繊細で非常な完璧主義者だったといいます。また、音楽に対する強いこだわりがあり、「新しい音楽」を求めて現代音楽にも目を向けた人物でもあります。筆者は、真の個性とは「完璧を求めたその先にある」のであり、決して「意図的に人と違うことをする」わけではないと考えます。グレン・グールドのような、私生活から完璧主義者であり、音楽に対する熱い思いがあったからこそ、少しずつ自分らしさが芽生え、最終的にあのような演奏法や曲の解釈に至ったのだと思います。

たとえ図4－5の上のようなピアノを極めていない脳が、グレン・グールドと似たような個性的な演奏（図でいう点に相当する演奏）をしても、それがどの程度ズレているのか、なぜそのような演奏に至ったのかを本人は正確に認識できません。一方で、図4-5の下のようなピアノを極めた脳が「同じように個性的な演奏」をした場合は、たとえ音響的に全く同じであっても、そのように至った背景やストーリー、演奏者の脳内のモデルとの差異などにより、全く意味や価値の異なるものになるのです。

同じものでも価値が変わるという現象は、決して不思議な話ではありません。例えば、約4万~5万年前にはじめて音楽を奏でたといわれる人類の祖先ホモ・サピエンスは、科学と知性の発達によって生まれた平均律のクラシック音楽を聞いたとしても充分に理解し楽しめなかったでしょう。なぜなら、当時の知識からあまりにもかけ離れすぎているため、予測も何もできないですし、理解できる可能性すらわからないからです。

また、脳が未発達な子供も、難解な現代音楽より比較的単調な童謡を聴いた方が聴覚の発達を促すことがわかっています[37]。逆に、学習によって難解な曲を聴き分けられるようになった音楽家にとって、単調な曲は新たな知見が少ないため、飽きを生じるでしょう。学習してきた既存の知識を〝少しずつ〟更新するような音楽を人は求めようとします。

また、日々の生活においてもゆらぎは生じます。例えば、我々は日々の生活が退屈なときはあっと驚くようなことに感動しますし、またその反対に日々の変化や人との出会いが激しいときには童謡や懐かしい曲に安心し感動します。このように我々は、決して創造性に溢れた芸術だけに感動するわけではなく、わかりやすい安定した芸術とのバランスやタイミングによる「ゆらぎ」によって感動するといえます。

音楽のゆらぎを楽しむためには、訓練しかありません。例えば、初めてピアノを触った人は、ある曲を演奏する際、ある程度楽譜通りに演奏できてもリズムなどがズレることが多いものです。図4‐5の緩やかな山がズレによるバラッキの大きさに相当するといえるでしょう。また、微妙なリズムのズレ（図4内の点）も、ズレとして認識することが難しいものです。なぜなら、図4‐5の上図のように、演奏の精度が低いため（山が緩やか）、ミスもズレも予測内（山の中）に含まれてしまうからです。

一方で、プロの音楽家のように一曲を膨大な時間をかけて練習すると、ズレの少ない精度の高い演奏ができるようになります。また、素人では認識できないほどの微妙なズレを「ズレ」として認識することができるようにもなります。

下図のように、演奏の精度が高いため（山が鋭い）、予測内（山の中）と予測外（山の外）を認識できるようになります。そして、ズレをズレとして正しく認識することで、「あえてズレる」演奏も可能になるのです。そして予測内（山の中）を音楽の普遍性を表す核として、少しずつずらしたり戻したりすることで真に芸術性を伴った個性が生まれると考えられます。[38]「機械のように正確に演奏する」だけではなく、「完璧に演奏できるようになったその次のステージ」にこそ、ゆらぎが生まれ、そこに個性や創造性、芸術的感性が宿るのです。

## 西洋音楽と邦楽の違い

芸術の進化や文化的発達は、人間の脳それ自体の進化や発達と密接に関わっています。西ヨーロッパでは、今から4万5000年ほど前から人類の芸術活動が盛んになったといわれています。[39]旧石器時代では、現代和声理論のようなものはありませんでしたし、記録上では農作物の豊作を祈るためのリズムやメロディーが中心のいわゆる民族音楽のようなものが多くを占めていました。

音楽の発達は、個々の脳においても同様で、例えば子供の歌や童謡などではとてもシンプルなメロディーが多いものの、脳が成長するにつれて複雑な音楽を楽しむことができるようになってきます。このように、芸術の感性は、それぞれ独自の経験と学習を通して育まれ、唯一のものとなってくるのです。

表現に関しても、表現者の独自の経験と学習を通して育まれてきた個性の表現といえます。学習が及ぼす芸術的才能への影響についても、面白い知見が得られています。これまで多くの研究から、特別な音楽教育を受けてきたような音楽家は、脳の聴覚機能が発達していることがわかっています。そして、それに伴って聴覚言語機能（ヒアリング等）も発達し、音楽家では第二言語を習得する能力が高いと考えられています。[40]

近年の筆者らの研究では、文化の違いが脳の発達に影響を及ぼしている可能性を示しました。[41] この研究では、邦楽家（雅楽など）、西洋音楽家、非音楽家各10名を対象に、リズム音聴取時の脳活動を計測しました。その結果、非音楽家と音楽家間だけでなく、西洋音楽家と邦楽家間においても、リズムの聴覚機能に違いが示されました（詳細はhttps://www.nikkei.com/article/DGXLRSP537589_T10C20A7000000/）。

西洋音楽と邦楽の大きな違いとして「間」のとり方が挙げられます。西洋音楽のリズムは、拍（ビート）という基本的には崩されることがない規則的な時間間隔を用いているのに対して、邦楽は独自の「間」という不規則な時間間隔で表現する音楽です。邦楽も西洋音楽的なリズムを基調としていますが、西洋音楽のような数学的規則性のある時間だけでなく「呼吸の同調」によって伸縮するような時間の概念があります。また、西洋文化と

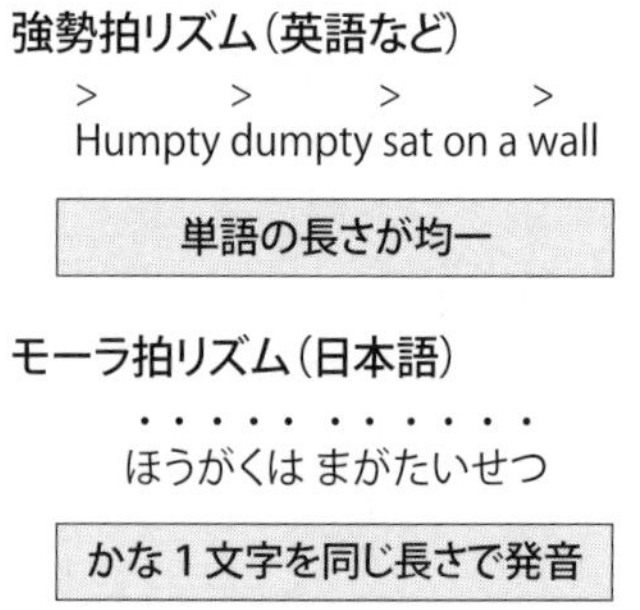

日本文化のリズムの違いの関係性は音楽だけでなく言語においても同様に存在します。

例えば、英語のリズムは「強勢拍リズム」に分類されます。強勢拍リズムとは、文中の強勢アクセントから次の強勢アクセントまでの時間が等間隔になるように刻まれ、音楽の拍のようなリズムともいえます。その一方で日本語のリズムは「モーラ拍リズム」に分類されます。モーラとは、音声学的に一定の時間的長さをもった音の分節単位（拍）を指します。

強勢拍リズム（英語など）

>　　>　　>　　>
Humpty dumpty sat on a wall

単語の長さが均一

モーラ拍リズム（日本語）

・・・・・・・・・・・・
ほうがくは まがたいせつ

かな１文字を同じ長さで発音

図４－６　英語と日本語のリズムの違い

日本語の拍は、基本的にかな1文字になります（図４－６）。このため、日本語のモーラはかな1文字分に相当し、日本語ではモーラ（かな）と次のモーラ（かな）までの時間が等間隔になるように刻まれます。日本語のかなは、英語の音節（子音から子音への一渡り）をひとつだけ含むものもあれば複数含むものもあります。

音節が最小の音声認識単位であるところの英語の歌は、音節を繋ぐものとしてのビートやリズムによって構成されます。それに対して、かな1文字が最小の音声認識単位であるところの日本語の歌は、モーラと「間」によって構成されます。

このように音楽と言語に共通して、英語圏の文化は日本のものに比べ規則的なリズムや拍が強いのが特徴です。先行研究によると、西洋音楽的なリズム感がいい人は、強勢拍リズムをもつ第二言語（英語やドイツ語）を習得するスキルも高いといわれています。[42]

このことから、それぞれの文化が普遍的にもつ感覚や感性が、言語や音楽、そしてそれに帰属する脳機能を独自に発達させてきたと考えることもできます。現在、科学や社会の発展につれて、全ての場所で同じようなものを享受できるようになります。これは確かに便利ですが、それと同時に、個人や文化が本来もっている個性も失われつつあります。一文化ではなく、あらゆる文化を享受・学習できるような環境が、個性を唯一のものにする重要な要素であるということでしょう。

## 演奏家と科学者

最後に、演奏家と科学者の関係について述べます。両者はともすると、感性を追求する者と、理論を追求する者のように対照的に捉えられることがあります。しかし、楽器の演奏能力が高い科学者というのは歴史上多く存在します。様々な理由が考えられますが、その一つとして、芸術と科学は、本来同一の起源をもつことを忘れてはいけません。

私たち人間は、崇高な自然や自然現象から沸き起こる感情を仲間と分かち合うために、科学や芸術を利用してきました。科学者は自然の振る舞いを物理面から理解しますが、芸術家は自然美を感性によって理解しようとします。両者は、表現の違いという点で対照的であっても、自然に存在する不思議な現象を共有したいという根本的な部分では同じものです。

また、筆者自身はいつも、素晴らしい科学論文から芸術性を感じます。何か神秘的なことを理解し、それを他人に知ってもらうべく表現する（演奏する、論文にする）という意味では、同じ行為に感じています。「現代科学だけで表現できない自然の美を音楽で表現して解消し、音楽だけではクリアにできない明瞭性や説明性を科学で解消する」という意味では同じ目的でありつつも相補的な関係性があるように感じます（これだけが、楽器の演奏能力が高い科学者が多い理由にはなりませんが）。

例えば、20世紀最大の科学者ともいわれるドイツ生まれの物理学者アルバート・アインシュタイン（1879‐1955）は、いわずと知れた「相対性理論」で有名な学者ですが、同時にバイオリンを堪能に演奏することができる演奏家だったといいます。彼は、幼少期は他人と上手く会話ができなかったそうですが、それもあってかバイオリンによって音楽に魅了されます。特に、モーツァルト、バッハ、シューベルトの音楽を愛好していたそうです。

大人になると、チューリッヒ工科大学で同級生だったミレヴァ・マリチという女性と結婚をします。彼女もまた若い頃からピアノを弾き、アインシュタインとともに音楽を演奏していたといいます。ミレヴァとの間に生まれた息子のハンスもまた、幼時よりピアノを習い、のちにカルフォルニア大学バークリー校で、水力工学の教授を務めました。

また、1918年にノーベル物理学賞を受賞した「量子論の父」と呼ばれるドイツのマックス・プランク（1858-1947）は、若い頃はピアニストを目指していたといいます。教会のミサで、オルガンを演奏していたほどだったそうです。最終的には音楽家の道は断念しましたが、その後も演奏活動は続け、音楽理論の研究をした時期もあったそうです。

プランクはアインシュタインの特殊相対性理論の研究を早くから高く評価していた人物でもあり、アインシュタインをベルリン大学へ招聘すべく尽力しました。そしてベルリンにて2人は物理学だけではなく、音楽でも親交を深めていったといいます。

このように、科学と音楽は、常に近い関係にあり、少なからず音楽と科学の互いの進歩に貢献し合ってきたのです。

［注1］音叉のように倍音のない単純な音です。倍音に関しては、第1章の「倍音とは？」を参照。
［注2］ゆらぎと思考に関する詳しいお話は、拙著『AI時代に自分の才能を伸ばすということ』（朝日新聞出版）を参照。

## 参考文献


1 Miller, G. A. (1956). The magical number seven, plus or minus two: Some limits on our capacity for processing information. *Psychological review*, *63* (2), 81-97.

2 Bergman Nutley, S., Darki, F., & Klingberg, T. (2014). Music practice is associated with development of working memory during childhood and adolescence. *Frontiers in human neuroscience*, *7*, 926.

3 Zatorre, R. J., Chen, J. L., & Penhune, V. B. (2007). When the brain plays music: auditory–motor interactions in music perception and production. *Nature Reviews Neuroscience*, *8* (7), 547-558.

4 Fink, A., Grabner, R. H., Benedek, M., & Neubauer, A. C. (2006). Divergent thinking training is related to frontal electroencephalogram alpha synchronization. *The European Journal of Neuroscience*, *23* (8), 2241-2246.

5 Fink, A., Grabner, R. H., Benedek, M., Reishofer, G., Hauswirth, V., Fally, M., Nàuper, C., Ebner, F., & Neubauer, A.

C. (2009). The creative brain: Investigation of brain activity during creative problem solving by means of EEG and fMRI. *Human brain mapping, 30* (3), 734–748.

6 Lustenberger, C., Boyle, M. R., Foulser, A. A., Mellin, J. M., & Fröhlich, F. (2015). Functional role of frontal alpha oscillations in creativity. *Cortex, 67*, 74–82.

7 Bengtsson, S. L., Csíkszentmihályi, M., & Ullén, F. (2007). Cortical regions involved in the generation of musical structures during improvisation in pianists. *Journal of cognitive neuroscience, 19* (5), 830–842.

8 Berkowitz, A. L., & Ansari, D. (2008). Generation of novel motor sequences: the neural correlates of musical improvisation. *Neuroimage, 41* (2), 535–543.

9 de Manzano, Ö., & Ullén, F. (2012). Goal-independent mechanisms for free response generation: Creative and pseudo-random performance share neural substrates. *Neuroimage, 59* (1), 772–780.

10 Limb, C. J., & Braun, A. R. (2008). Neural substrates of spontaneous musical performance: An fMRI study of jazz improvisation. *PLoS ONE, 3* (2), e1679.

11 Lopata, J. A., Nowicki, E. A., & Joanisse, M. F. (2017). Creativity as a distinct trainable mental state: an EEG study of musical improvisation. *Neuropsychologia, 99*, 246–258.

12 Pinho, A. L., Ullén, F., Castelo-Branco, M., Fransson, P., & de Manzano, Ö. (2015). Addressing a paradox: dual strategies for creative performance in introspective and extrospective networks. *Cerebral Cortex, 26* (7), 3052–3063.

13 Koelsch, S. (2014). Brain correlates of music-evoked emotions. *Nature Reviews. Neuroscience, 15* (3), 170–180.

14 de Manzano, Ö., & Ullén, F. (2012). Activation and connectivity patterns of the presupplementary and dorsal premotor areas during free improvisation of melodies and rhythms. *Neuroimage, 63* (1), 272–280.

15 Schneider, P., Scherg, M., Dosch, H. G., Specht, H. J., Gutschalk, A., & Rupp, A. (2002). Morphology of Heschl's gyrus reflects enhanced activation in the auditory cortex of musicians. *Nature neuroscience, 5* (7), 688–694.

16 Gaser, C., & Schlaug, G. (2003). Brain structures differ between musicians and non-musicians. *The Journal of neuroscience, 23* (27), 9240–9245.

17 Draganski, B., Gaser, C., Busch, V., Schuierer, G., Bogdahn, U., & May, A. (2004). Neuroplasticity: Changes in grey matter induced by training. *Nature, 427* (6972), 311–312.

18 Boyke, J., Driemeyer, J., Gaser, C., Büchel, C., & May, A. (2008). Training-induced brain structure changes in the elderly. *The Journal of Neuroscience, 28* (28), 7031–7035.

19 Driemeyer, J., Boyke, J., Gaser, C., Büchel, C., & May, A. (2008). Changes in gray matter induced by learning—revisited. *PloS ONE, 3* (7), e2669.

20 Bengtsson, S. L., Nagy, Z., Skare, S., Forsman, L., Forssberg, H., & Ullén, F. (2005). Extensive piano practicing has regionally specific effects on white matter development. *Nature neuroscience, 8* (9), 1148–1150.

21 Schlaug, G., Jäncke, L., Huang, Y., Staiger, J. F., & Steinmetz, H. (1995). Increased corpus callosum size in musicians. *Neuropsychologia, 33* (8), 1047–1055.

22 Pantev, C., Oostenveld, R., Engelien, A., Ross, B., Roberts, L. E., & Hoke, M. (1998). Increased auditory cortical representation in musicians. *Nature, 392* (6678), 811–814.

23 Leipold, S., Klein, C., & Jäncke, L. (2021). Musical expertise shapes functional and structural brain networks independent of absolute pitch ability. *The Journal of Neuroscience, 41* (11), 2496–2511.

24 Tishby, N., & Polani, D. (2011). Information theory of decisions and actions. In *Perception–action cycle* (pp. 601–636). Springer, New York, NY.

25 Friston, K.(2010). The free-energy principle: a unified brain theory? *Nature Reviews Neuroscience, 11*(2), 127–138.

26 Rilling, J. K., Glasser, M. F., Preuss, T. M., Ma, X., Zhao, T., Hu, X., & Behrens, T. E. J.(2008). The evolution of the arcuate fasciculus revealed with comparative DTI. *Nature neuroscience, 11*(4), 426–428.

27 Assaneo, M. F., Ripollés, P., Orpella, J., Lin, W. M., de Diego-Balaguer, R., & Poeppel, D.(2019). Spontaneous synchronization to speech reveals neural mechanisms facilitating language learning. *Nature neuroscience, 22*(4), 627–632.

28 Baumann, S., Koeneke, S., Schmidt, C. F., Meyer, M., Lutz, K., & Jancke, L.(2007). A network for audio-motor coordination in skilled pianists and non-musicians. *Brain research, 1161*, 65–78.

29 Gelding, R. W., Thompson, W. F., & Johnson, B. W.(2019). Musical imagery depends upon coordination of auditory and sensorimotor brain activity. *Scientific reports, 9*(1), 1–13.

30 Möttönen, R., Dutton, R., & Watkins, K. E.(2013). Auditory-motor processing of speech sounds. *Cerebral Cortex, 23*(5), 1190–1197.

31 Sherman, B. E., Graves, K. N., & Turk-Browne, N. B.(2020). The prevalence and importance of statistical learning in human cognition and behavior. *Current opinion in behavioral sciences, 32*, 15–20.

32 Monroy, C., Meyer, M., Gerson, S., & Hunnius, S.(2017). Statistical learning in social action contexts. *PloS ONE, 12*(5), e0177261.

33 Batterink, L. J., Reber, P. J., Neville, H. J., & Paller, K. A.(2015). Implicit and explicit contributions to statistical learning. *Journal of memory and language, 83*, 62–78.

34 Daikoku, T.(2018). Neurophysiological markers of statistical learning in music and language: Hierarchy, entropy and uncertainty. *Brain sciences, 8*(6), 114.

35 Koelsch, S., Busch, T., Jentschke, S., & Rohrmeier, M.(2016). Under the hood of statistical learning: A statistical MMN reflects the magnitude of transitional probabilities in auditory sequences. *Scientific reports, 6*(1), 1-11.

36 Koelsch, S., Vuust, P., & Friston, K.(2019). Predictive processes and the peculiar case of music. *Trends in Cognitive Sciences, 23*(1), 63-77.

37 Goswami, U., Huss, M., Mead, N., Fosker, T., & Verney, J. P.(2013). Perception of patterns of musical beat distribution in phonological developmental dyslexia: Significant longitudinal relations with word reading and reading comprehension. *Cortex, 49*(5), 1363-1376.

38 Daikoku, T., Wiggins, G. A., & Nagai, Y.(2021). Statistical Properties of Musical Creativity: Roles of Hierarchy and Uncertainty in Statistical Learning. *Frontiers in Neuroscience, 15*, 354.

39 Bahn, P. G.(1998). *The Cambridge illustrated history of prehistoric art*. Cambridge University Press.

40 Francois, C., & Schön, D.(2011). Musical expertise boosts implicit learning of both musical and linguistic structures. *Cerebral Cortex, 21*(10), 2357-2365.

41 Daikoku, T., & Yumoto, M.(2020). Musical expertise facilitates statistical learning of rhythm and the perceptive uncertainty: A cross-cultural study. *Neuropsychologia, 146*, 107553.

42 Tierney, A., & Kraus, N.(2013). The ability to move to a beat is linked to the consistency of neural responses to sound. *The Journal of Neuroscience, 33*(38), 14981-14988.

コラム　音楽の良し悪しがわかるようになる聴き方

## 主観的な「価値」

### 価値観は相対的に変化し続ける

音楽そのものにいい悪いという絶対的な価値判断は存在しません。単に、これまでの知識に基づいて予測の範疇なのか、異例で予想外なのかという感覚にしかすぎないからです。例えば、バッハやベートーベンに見られる異例の和音転回（構成音の配置の変化）は、決して間違いなどではありません。予想外の天才的な形なのです。逆にもし、その異例の和音がたくさん用いられ私たちの耳に頻繁に入るようになったら、もはや異例ではなく予想通りの和音になるでしょう。このように、音楽を聴く側に今どんな知識があり、どのような状況で、そしてどういったタイミングで聴くかによってその曲の価値は相対的に変化するものです。

　このような相対的な音楽の価値は、私たちの脳の進化や発達を通して常に起こっています。前にも述べたように、はじめて音楽を奏でたといわれる人類の祖先ホモ・サピエンスは、今のような高度な楽器がなかったですし、指も現代人のピアノやバイオリン演奏ほど器用ではありません。また、コンピュータで人間が演奏不可能な音楽を作ることもできなかったので、音楽の構造は今と比べると単純だったことでしょう。

　そのようなホモ・サピエンスが、科学と知性の発達によって生まれた現在の平均律のクラシック音楽を聞いたら、どうなっていたでしょう。タイムマシンがない限りこれは証明することが不可能ですが、おそらく、あまりの異例の多さに脳で処理しきれないはずです。つまり、大昔の人は、現代の音楽を聴いても感動したり、曲の価値を理解できないかもしれません。しかし、脳の発達した現代人はそのような曲に感動して涙を流すことができます。「脳にとっての」音楽の価値というのは、聴覚や知性の発達によって変わりうるものなのです。

## 脳が欲する音楽

これまで説明したように、統計学習の観点から見ると、脳は音楽に対して、

1　なるべく不確実性を下げて理解しやすくする

2　不確実性を下げた上で報酬を得るべく、不確実な音楽に興味をもつ

という二つの対立したモチベーションがあります。これが、不確実性にゆらぎを生じさせます。これだけが全てではありませんが、音楽の良し悪しを感じる一つの理由として、この「不確実性のゆらぎ」が関係しているといえます。音楽に感動し続けるためには、この不確実性のゆらぎとそのバランスを上手く保ち続けることが大切なのです。

例えば、あまりにも単純な曲をずっと聴くよりも、難しい曲と単純な曲をバランスよく聴く（不確実性のゆらぎを生み出す）ことで、適度に脳へ報酬をあたえることができます。では、実際にどのようにしてバランスをとることで、音楽に常に感動し続けられ、聴き手にとって「価値」の高い音楽となることができるのでしょうか？

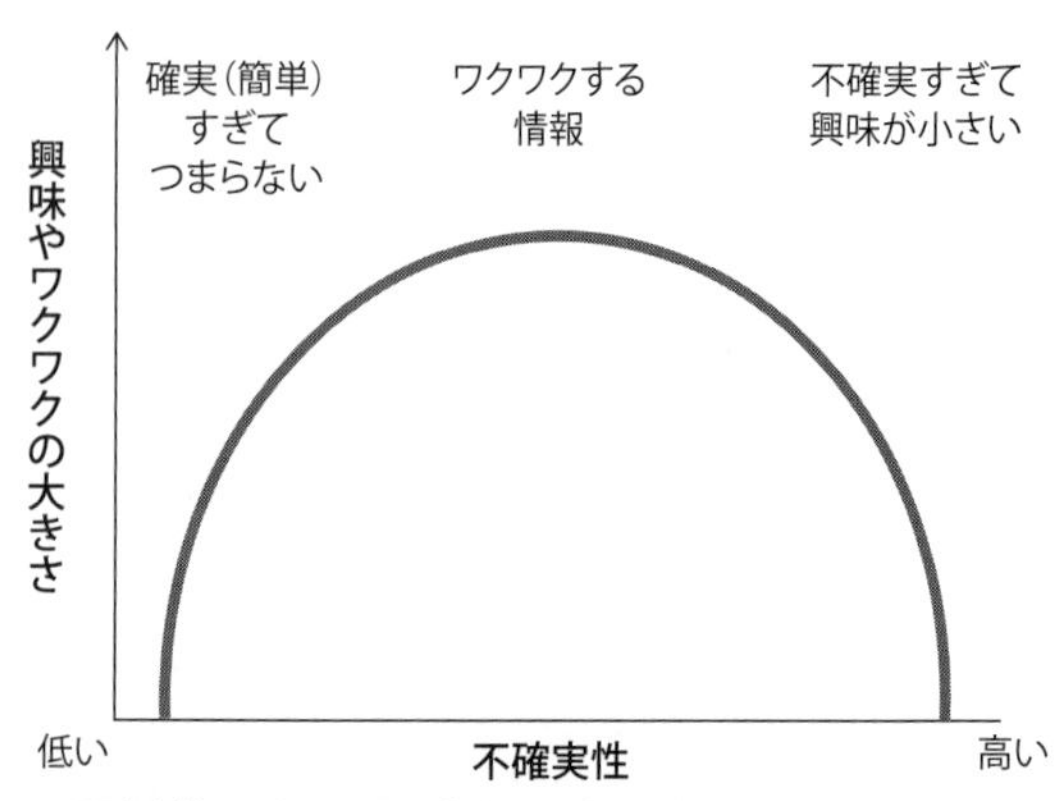


図１　不確実性のバランスを表す逆Ｕ字モデル

## ワクワクを得るための逆Ｕ字の法則

不確実性のバランスについて説明した「逆Ｕ字モデル」というものがあります（図１）。不確実性（横軸）と嗜好やワクワク感（縦軸）のバランスを表現したものです。[1, 2] このモデルを簡単に説明すると、脳は、単純すぎず、かつ難しすぎない中間の不確実性をもった情報を最も好むことを示しています。

例えば、テレビなどで流れるような「ザーッ」という音（ホワイトノイズ）は、法則性がなくランダムな音です。当然、ホワイトノイズから何か法則性を掴み取ることはできません。よって、我々は一般的には、

不確実すぎるメロディー

確実(簡単)すぎるメロディー

図2　ワクワク感が得られるメロディーとは？

このようなノイズ音に興味をもたないでしょう。どんなに聴いても理解できないため、不確実性を下げて報酬を得る見込みがないからです。この状態は、逆U字モデルの右端に位置する情報といえます。

わかりやすい例としてノイズを示しましたが、これは音楽においても同様です。例えば、無調音楽に慣れていない人が、突然完全無調の音楽を聴いても理解しにくいため、報酬も得づらくなります。

逆に簡単すぎる音楽を聴いてもワクワク感は得られません。例えば、ソの音符がひたすら繰り返されるような、同じ音符がずっと繰り返される音を聴いたとしましょう。明らかに不確実性の低い情報で、ノイズとは逆に脳は「ソがずっと流れる」という法則を一瞬で学習することができます（図2）。

こういった単純すぎる情報に対しても、ノイズとは逆の意味で、脳は興味をもちません。あまりにも簡単すぎて、大きな報酬（不確実性の低下）が望めないからです。これは逆U字モデルでいうと、左端に位置する情報になります。

このように、脳は、ある程度の不確実性をもった、かつ不確実すぎないバランスのとれた情報に興味をもち、いい音楽と判断するようになります。

## 「不確実」な音楽 vs.「新しい」音楽

統計学習は脳が生まれながらにもっている学習機能で、脳の「発達」においても重要な役割を担っています。[3] 音楽統計学習の基本的なメカニズムは、音の列情報（メロディーやコード、和音列など）の遷移確率を計算し、「次にどんな音が来ることが多いのか」（遷移確率分布）という統計知識に基づいて、将来の情報を予測することです。

ヒトは「環境や成長に応じて」、脳内の確率分布（統計知識）を逐一更新し続けています。そして、生涯を通して様々な音楽を経験し学習することで、音楽に対する一般的な確率分布を構築し、新しい音楽や複雑な音楽に対しても理解に堪えうる（予測できる）よう脳の知性が発達していくのです。

逆に、あまりに予測通りすぎる曲は確率分布の新たな更新が起こらず、知性の発達に寄与しづらいといえます。このように、既存の統計知識（確率分布）から少し逸脱した音楽を聴くことで、ヒトの創造性を駆り立て、芸術的感性を発達させていくと考えられます。

この、少し「新しい」曲というのは、前述のような音楽そのものの不確実性だけでは測ることができません。例えば前図の、「不確実すぎるメロディー」は、「確実（簡単）すぎるメロディー」よりも明らかに予測困難であることが、楽譜を見ただけでもわかると思います。しかし、この不確実すぎるメロディー〝だけ〟を何度も聴き続けたらどうでしょう。私たちの脳は、このメロディーを徐々に学習し、完璧に予測できるようになります。脳も、完璧に「不確実すぎるメロディー」を予測できるよう発達していきます。

しかし、そのような脳が初めて「確実（簡単）すぎるメロディー」を聴いたら、どうなるでしょう。今度は、音楽の構造自体は不確実性が低くても、その脳にとっては新しく不確実なメロディーとなります。

また、たとえ不確実性が同じでも、「新しさ」が違うという場合もあります。簡単

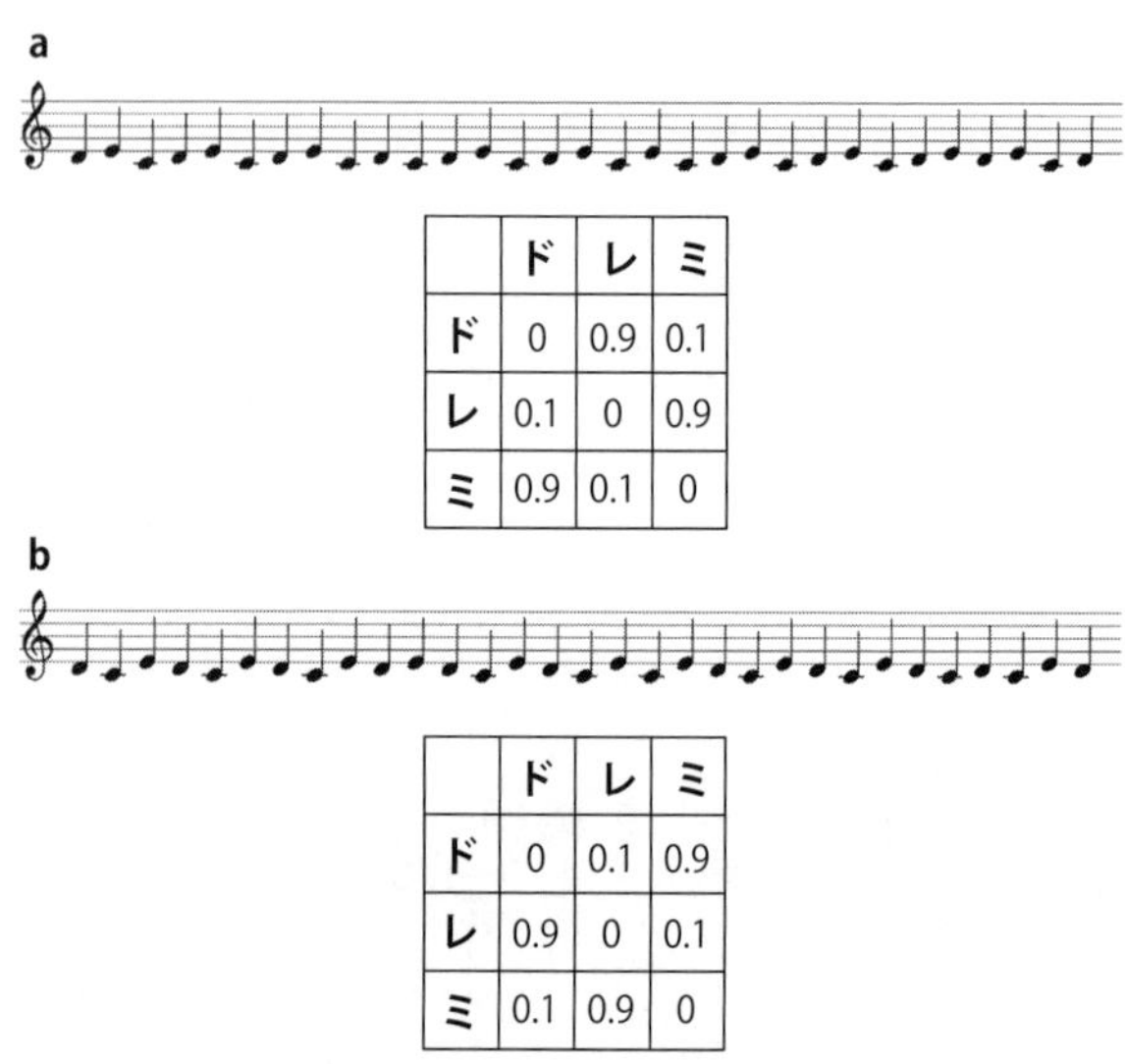

a

| | ド | レ | ミ |
|---|---|---|---|
| ド | 0 | 0.9 | 0.1 |
| レ | 0.1 | 0 | 0.9 |
| ミ | 0.9 | 0.1 | 0 |

b

| | ド | レ | ミ |
|---|---|---|---|
| ド | 0 | 0.1 | 0.9 |
| レ | 0.9 | 0 | 0.1 |
| ミ | 0.1 | 0.9 | 0 |

不確実性（情報エントロピー）：a＝b

図３　不確実性が同じ音楽だが、aのあとにbを聴くと？

な例として、図3を見て下さい。メロディーaとメロディーbは、ド、レ、ミが対象的な関係があるメロディーです。このとき、aとbの不確実性（情報エントロピー）は同じになります。しかし、aのメロディーを学習して、脳内でその遷移確率分布を作成したあとに、bを聴くと、最初からbを聴いたときと比べ（脳に遷移確率分布がない）、相対的な不確実性は大き

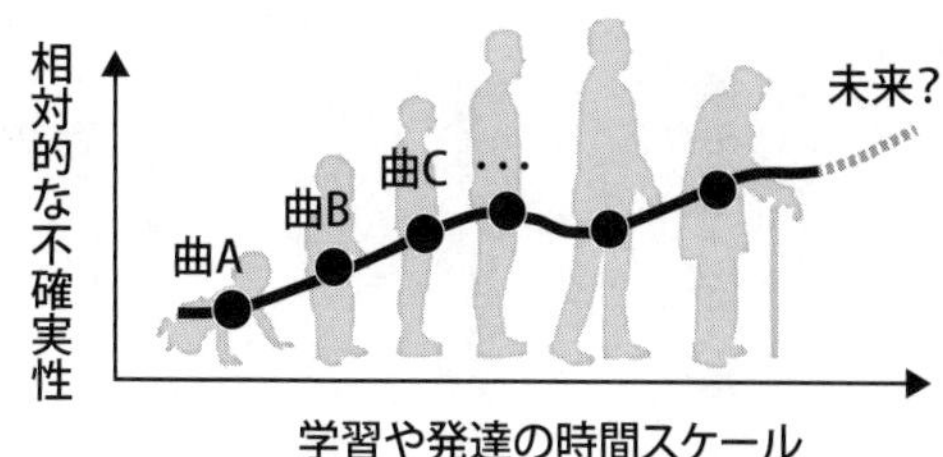


図4　自分にとっての新しい音楽を少しずつ更新していく

くなります。なぜなら、脳内の遷移確率分布をaからbに近づけるためのエネルギーが必要だからです。このように脳は、「周囲の学習環境と発達」に応じて確率分布を生成しています。

心理学的には、何も知らない状態から新たな規則を学ぶよりも、既存知識がある状態から、全くその正反対の規則を学ぶことの方が大変だということに近いといえます［注1］。つまり、「相対的な不確実性」はこれまで学習してきた知識をどのくらい更新できるか、または既存の知識と比べてどのくらい創造的かを示す指標といえます。

このことを鑑みると、少しずつ新しい音楽を取り入れるということは、決して曲自体の不確実性が低い曲から徐々に不確実性の高い難しい曲を聴くだけではないことがわかります。既存の知識を〝少しずつ〟更新するためには、単なる曲自体の不確実性ではなく、既存の知識に対する相対的な不確実性の方が大切です（図4）。

音楽の良し悪しを統計学習の観点から考えたとき、知識を更新して（新たな学習ができて）報酬が得られるような情報が有効といえます。つまり、単に、難しい音楽を聴くのではなく、今ある既存の知識より逸脱した、例えば聴いたことがないようなジャンルの曲を時々聴くのがよいのです。

## 知識よりも大切なこと

### 直感的な感性と理論的解釈

脳の統計学習は、基本的には無意識です。[4] それゆえ、私たちは統計学習していることにすら気づくことができません。[5] それでも、統計学習によって得た知識は、私たちの行動や判断を大きく左右しています。[6] この無意識的な統計知識は、通常私たちがいうところの、「勉強」とは大きく違います。

音楽においても同様で、「音楽を学ぶ」といえば基本的には、「楽典」や「和声法」など、音楽理論を体系づけて学ぶことを指します。これは、人間の学習や記憶の分類でいう「顕在記憶」に相当します。クラシック音楽にこだわって聴くときは、楽譜とともにその曲が音楽理論的にどのような構成になっているのかを調べながら聴きます。これはこれで素晴らしい音楽鑑賞の仕方ですが、それと同時に統計学習によって得た音楽の「潜在記憶」にも注目することが大切です。潜在知識に依存した聴き方というのは、基本的にはあまり意図的（顕在的）に考えないことが重要と考えられます[7、8]。

例えば、第2章では統計学習の脳内メカニズムで、前頭前野の機能も重要であることを述べました。一方で、前頭前野は新生児からの成長とともに発達していく部位です。これまでも述べてきたように、統計学習は、生まれつき脳が保有している学習機能であるため、前頭前野が充分に発達していない乳幼児でも行うことができる学習です。むしろ、乳幼児の統計学習（潜在学習）による第一言語の獲得は、成人の顕在学習による第二言語獲得とは比較にならないほど早いのです。

このことを鑑みると、前頭前野が充分に発達していない乳幼児の統計学習（潜在学習）の方が、効率よく学習できる可能性すらあります［注2］。私たちは大人になるにつれて、なんでも論理的（顕在的に）に物事を捉えようとします。音楽にしても同じで、知識を得れば得るほど、曲の構造や背景を細かく分析し、その曲自体の価値を決めようとします。

しかし、私たちの脳は、いかなる時でも潜在的な処理が働いています。成長に伴って、この潜在的処理を無視してしまうと、音楽の半分の楽しみ（潜在性＝統計学習的な楽しみ）を失ってしまうともいえます。

［注1］このような、情報そのものの絶対的な不確実性ではなく、「既存知識に対する相対的な不確実性（新しさ）」は、数学的に相対エントロピー（カルバック・ライブラー情報量）などで算出されることがあります。第2章で述べた「情報エントロピー」は曲の絶対的な難易度（曲自体の不確実性）を表すのに対して、カルバック・ライブラー情報量は既存の曲に対する相対的な新しさ（認知的不確実性）を表します。つまり、カルバック・ライブラー情報量はこれまで学習してきた知識をどのくらい更新できるか、または既存の知識と比べてどのくらい創造的かを示す指標といえます。

［注2］顕在学習と潜在学習のどちらの方が効率がよいかは、教育心理学分野で何十年も議論されている内容ですが、未だ決着はついていません。

## 参考文献


1 Koelsch, S., Vuust, P., & Friston, K. (2019). Predictive processes and the peculiar case of music. *Trends in Cognitive Sciences, 23* (1), 63-77.

2 Vuust, P., Dietz, M. J., Witek, M., & Kringelbach, M. L. (2018). Now you hear it: A predictive coding model for understanding rhythmic incongruity. *Annals of the New York Academy of Sciences, 1423* (1), 19-29.

3 Saffran, J. R., Aslin, R. N., & Newport, E. L. (1996). Statistical learning by 8-month-old infants. *Science, 274* (5294), 1926-1928.

4 Perruchet, P., & Pacton, S. (2006). Implicit learning and statistical learning: One phenomenon, two approaches. *Trends in cognitive sciences, 10* (5), 233-238.

5 Tsogli, V., Jentschke, S., Daikoku, T., & Koelsch, S. (2019). When the statistical MMN meets the physical MMN. *Scientific reports, 9* (1), 1-12.

6 Monroy, C. D., Gerson, S. A., Domínguez-Martínez, E., Kaduk, K., Hunnius, S., & Reid, V. (2019). Sensitivity to structure in action sequences: An infant event-related potential study. *Neuropsychologia, 126*, 92-101.

7 Smalle, E., Daikoku, T., Duyck, W., Szmalec, A., & Möttönen, R. (2020). P80 Language learning in the adult brain: TMS-induced disruption of the left dorsolateral prefrontal cortex enhances neural entrainment indexes to statistical language learning. *Clinical Neurophysiology, 131* (4), e56.

8 Ambrus, G. G., Vékony, T., Janacsek, K., Trimborn, A. B. C., Kovács, G., & Németh, D. (2020). When less is more: Enhanced statistical learning of non-adjacent dependencies after disruption of bilateral DLPFC. *Journal of Memory and Language, 114*, 104144.

# 第5章　音楽を聴くと頭がよくなる？

# 音楽と奇才

## モーツァルト効果は本当に存在するのか？

「モーツァルト効果」という言葉を聴いたことがある人は多いかと思います。モーツァルト効果とは、簡単にいうとモーツァルトなどのクラシック音楽を聴くと頭がよくなるというものです［注1］。現在でも人々の関心を惹くための宣伝として用いられることがあります。

特に、1993年にカリフォルニア大学アーバイン校の研究チームが学術誌『ネイチャー』にて発表した論文によって、世界中から注目を浴びるようになりました。[1] 研究チームは、モーツァルトの『2台のピアノのためのソナタ　ニ長調K．448』を聴かせたグループは、リラクゼーション音楽を聴かせたグループや、何も音楽を聴かせなかったグループよりも、音楽を聴いた後10〜15分の短い時間だけIQテストにおいて高い成績を示すことを報告しました。

また、その5年後にはラットを用いた実験を行い、『2台のピアノのためのソナタ』を聴かせたラットが、フィリップ・グラスの曲を聴かせたラットよりも早く迷路を抜け出すことを報告し、モーツァルトの楽曲が脳を活性化すると報告しました。[2]

研究者だけでなく、一般からも大きな注目を浴びることとなった研究ですが、なぜそうなるのか因果関係が曖昧であったため、激しい議論が続きました。しかし、その後の検証実験により、同じ学術誌『ネイチャー』にて研究結果が再現できないことが1999年に報告され、[3] 2007年には「モーツァルト効果は存在しない」と結論づけられています。[4、5] よって、現在では「モーツァルト効果」など存在しないというのが一般論です。

一方で、音楽が私たちにどのような影響も与えないというわけではありません。私たちは誰しも、音楽によって心が満たされたり気分を変える効果があることを「経験」から理解しています。本章では、音楽を聴くことで、私たちの脳にどのような効果があるのかについて先行研究をもとにお話ししたいと思います。

## 才能を創るのは生まれか、育ちか?

楽器が演奏できる人、歌が上手い人などに対して「天から特別に与えられた才能」などといわれることがよくあります。例えば、親が音楽家でその子供も音楽家になったとき、それは「親の遺伝」からきた才能だといわれることがあるでしょう。しかし、たとえそうであっても、本人の努力なしでは、その隠れた才能が開花することはありません。ここからは、生まれつきもった才能や能力と、生まれたあとの経験や環境、努力との関係についてお話ししたいと思います。

才能や知性は、遺伝なのかそれとも生後からの周囲環境（学習や訓練）に依存するのかという科学論争は、非常に長い歴史があります。19世紀、チャールズ・ダーウィンによる『種の起源』[6]の発表やグレゴール・ヨハン・メンデルによる「メンデルの法則」[7]の影響を受けて、人格や個性の起源における「遺伝vs.環境論争」が白熱しました。これは、人間は遺伝的に人格（個性）を創る発達のパターンがプログラムされているのか、または、生後の環境が個性を創るのかという論争です。

それぞれ、生得説（nativism）と経験説（empiricism）とも呼ばれています。哲学者ルネ・デカルトらは「人の能力は生まれながらのものである」と生得説を提唱しました。その一方で経験説では、ジョン・ロックらを筆頭に「人は白紙の状態（タブラ・ラサという）で生まれ、個体の発達は生後の経験や環境による〝学習の所産〟であると主張しました。

この生得説と経験説の関係は、あらゆる分野において、現代でも続いている最もホットな科学論争の一つともいえるでしょう。

本書でもお話ししている「脳の統計学習」の研究分野でも、この生得説と経験説に関する議題は、重要なトピックとして取り上げられます。例えば、言語学者ノーム・チョムスキーらが発表した「普遍文法説」は、大雑把に言うと、人間の脳内に「言語普遍的な文法構造を学習するための機能」があらかじめ備わっており、我々の脳はそれを用いて言語を学習するというものです。[8] この仮説は「音楽」の学習においても同様に主張されており、音楽「特有」の普遍的な文法構造を学習するための機能が脳内にすでに備わっているとしています。[9,10] これは、人間の脳は生まれる前からすでに、言語や音楽を学習するための能力が備わっているということを意味します。

それに対して「統計学習仮説」は、人間の脳は、音楽や言語などの学習対象によらず、あらゆる情報を脳が普遍的にもつ統計学習によって学習しているというものです。脳が生まれながらにもつという点では、生得的な機能の一つではありますが、言語は言語特有の、音楽は音楽特有の学習機能があるというものではなく、言語や音楽、運動など、あらゆる情報に対して共通して行われる認知基盤として、統計学習を用いて学習しているとしています。「統計」というくらいですから、その情報にどのくらい触れたかが重要になるため、生まれつきの才能よりも、経験量や経験値、環境に依存します。

とはいえ、統計学習が生得説を全て否定するというわけでは決してありません。むしろ、統計学習という〝経験〟に依存した学習が遺伝とどのように関わっているのか、そこを解明しようとしているのです。

## 様々な仮説と歴史的背景

人格や個性の発達的起源における生得説（nativism）と経験説（empiricism）は、あらゆる学問分野で様々な視点から研究されており、長い歴史があります。発達心理学において、生得説を支持するもので有名なものに、心理学者アーノルド・ゲゼルの成熟優位説があります。[11]

ここでいう成熟とは、生得的な性質（能力）がちゃんと使えるようになる状態（成熟する）を指し、この状態を一般に「レディネス（学習準備性）」と呼んでいます。レディネスに関する科学的証明として、双子の階段上りの実験があります。これは、一卵性双生児のうち一人にはたくさん階段上りの訓練をさせて、もう一人にはあまり訓練をさせないという実験です。その結果、レディネスに達する（この実験では生後55週目）までは、どんなに早期訓練をしても、あまり意味がないことを示しました。このことから、〝行動や振る舞い〟の特徴が、少なくともある種の性質は、生得的な遺伝によって受け継がれており、その性質を発揮する準備ができる（レディネス）までは、あまり環境要因は重要でないと結論づけられました。

その一方で、「育ち方（環境優位説）」を支持する論調では、心理学者ジョン・ワトソンがいます[12]。彼の主張は、心理学的な性質は受け継がれるものではなく、育った環境が性格や才能、個性を形成するというものです。

環境優位説を支持する研究で有名なものに、アルバート坊やの実験というのがあります（図5－1）。ワトソンは、アルバートという名の赤ちゃんに、白いネズミのおもちゃを見せる際、同時に大きな音を鳴らして怖がらせるという実験を行いました。実験前、アルバートはネズミを怖がっていませんでしたが、これを繰り返すにつれてアルバートは音を鳴らさなくても白いネズミ、あるいは白いものを見るだけで怖がるようになることがわかりました。この結果をもって、後天的な学習で人間の発達が決まると主張したわけです（考えると一人の人間の人生を左右するような非常に恐ろしい実験です）。

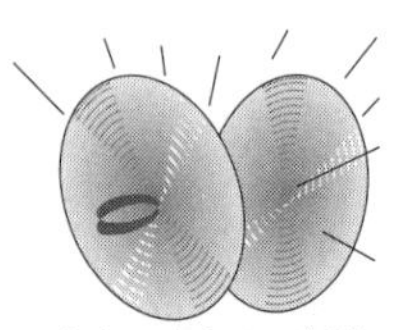

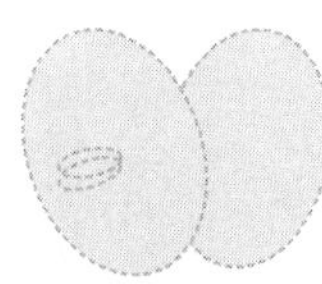


図5－1　アルバート坊やの実験

また、2013年の『サイエンス』誌で発表されたドレスデン工科大学らの研究でも、遺伝的に同じ一卵性双生児のマウスでは、発達段階の社会環境が個性の発現に大きく貢献していることを示しており、学習や環境が少なからずとも個性の発現に影響していることがわかっています。[13]

## 才能を活かす生後の学習環境

現在では、個性や人格の形成において、遺伝と環境の両方の要素が関わると考えられています。

そのはしりといえる仮説が、心理学者ウィリアム・シュテルン（IQという概念の創始者でもあります）などが唱えた「輻輳説」です

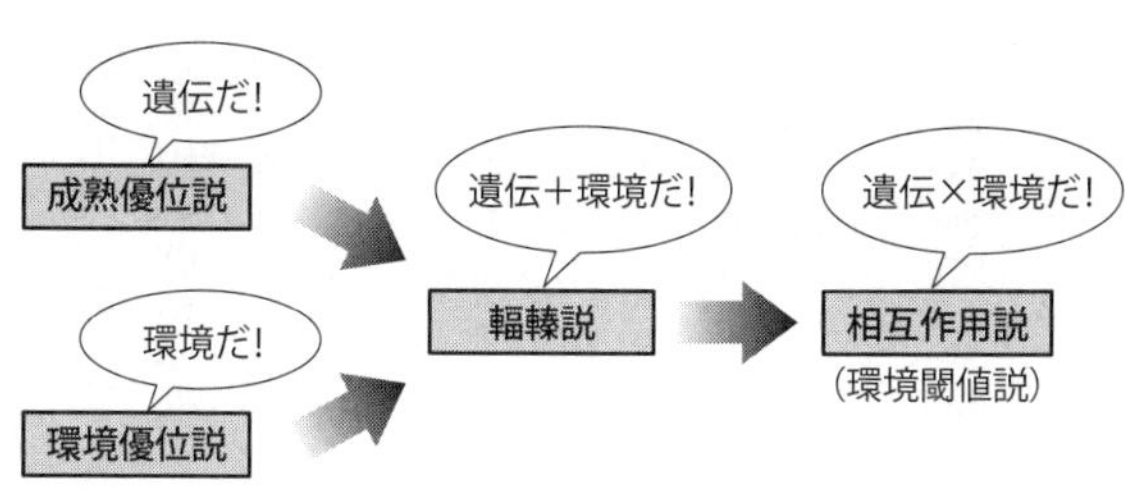


図５－２　才能は遺伝×環境

（図５－２）。輻輳という言葉は「集まる」といった意味ですが、ここで重要なのは、発達は遺伝と環境の〝足し算〟の関係性であり、互いに影響はしないという点です。例えば身長の場合、約80％は遺伝で決まり、残り20％は環境（カルシウムをたくさん取るなど）が影響するというものです。

それに対して現在最も主流となっている考え方が「相互作用説」です。遺伝と環境の両方の要素が人間の発達に関わるという点は輻輳説とかわりませんが、ここで重要なのは発達が遺伝と環境の〝足し算〟だと主張する輻輳説に対し、相互作用説では〝かけ算〟だと考えます。

相互作用説の中でも具体的に遺伝と環境の関係性について説明しているものに、心理学者アーサー・ジェンセンが唱えた「環境閾値（いきち）説」があります。[14] ここでいう閾値とは、ある環境要因が個性や人格形成に影響を与えるためのボーダーラインを指します。この閾値は性質によって変わります。

例えば、図5－3に示すように[15]、身長は遺伝の影響が大きく、どのような環境（経験や育て方）であってもそこまで環境が影響することはありません。つまり、身長の場合は環境要因の閾値が低いことを意味します。一方で、絶対音感では、そのポテンシャルを遺伝的にもっていたとしても、適した環境（早期から音楽を聴いているか等）がなければ会得することができません。つまり、絶対音感に関しては環境要因の閾値が高いことを意味します。

このように、環境閾値説で重要なことは、たとえ潜在的に才能の遺伝的素因をもっていたとしても、それが実際に発揮されるには、適切な環境や学習が大切であるということです。

もちろん、音楽に特別な才能をもつ人はいます。しかし、たとえ生まれつき才能が備わっていても、本人の努力なしではその隠れた才能が開花することはありません。

## 「耳の訓練」で脳は変化する

前述のように、たとえ潜在的に才能や個性の遺伝をもっていたとしても、それが実際に発揮されるには、適切な環境や学習が大切です。我々の脳は、生後すぐに何でもできたわ

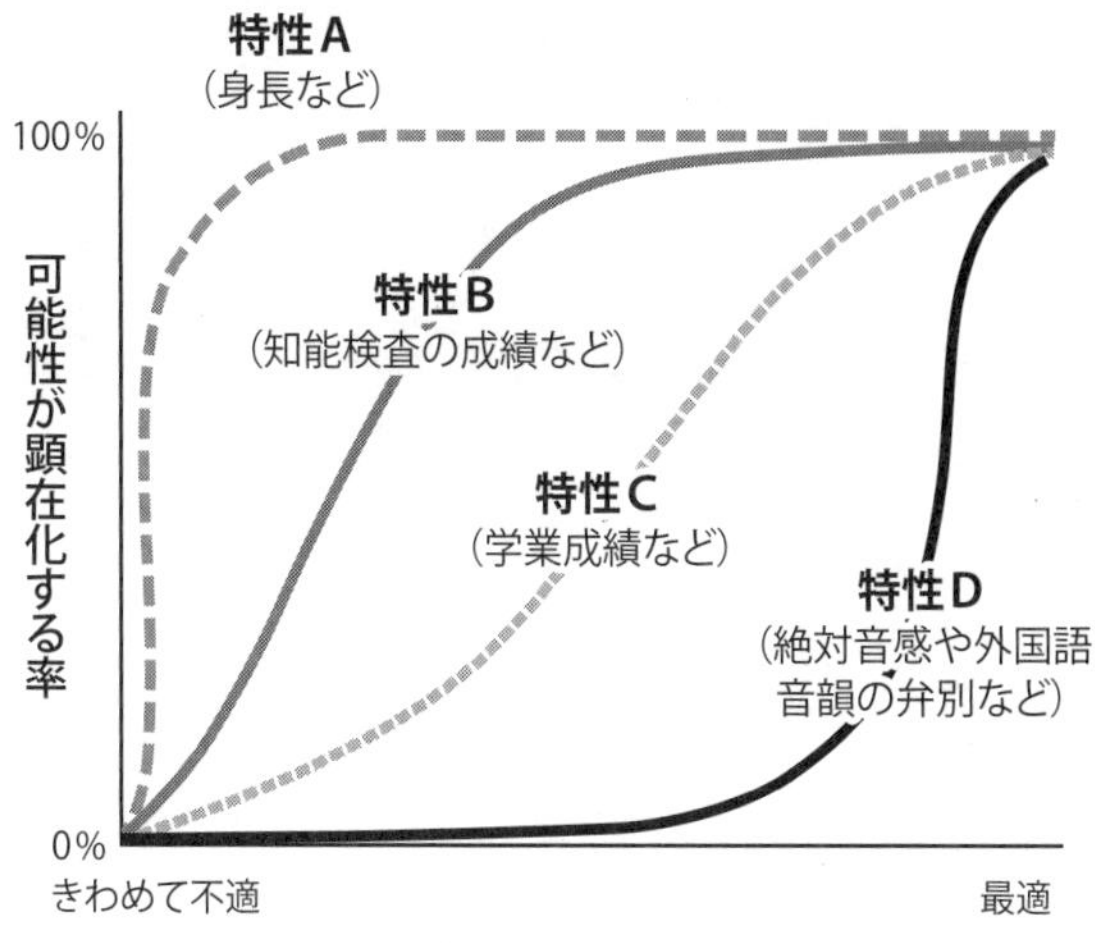


図5－3　アメリカの心理学者・ジェンセンによる環境閾値説の例。東（1969）より引用（図中の括弧内は本文の表現を用いて補足している）。絶対音感や学業成績は、そのポテンシャルを遺伝的にもっていたとしても、適した環境（早期から音楽を聴いているか等）がなければ会得することができないが、身長は遺伝の影響が大きく、どのような環境（経験や育て方）であってもそこまで環境が影響することはない。このように、才能によって環境が及ぼす影響の閾値（ボーダーライン）が変わってくる。

けではなく、生まれてから様々な現象に触れて学習を繰り返すことで、言葉など生活やコミュニケーションに重要な様々な機能が習得されていきます。[16]

本章の最初に述べたように、たとえ脳が普遍的に言語や音楽を学習するための特別な機能を有していたとしても、それを流暢に使えるようになるためには、やはり生後の経験や努力が必要です。また、学習や知識は、本人の身の周りの社会環境や文化に順応するように何をどうやって学習するかは個々で異なってきます。[17] この違いが脳を独自に発達させ、唯一無二の個性が生まれてくるのです。

もう一つ重要なことは、脳の「可塑性」です。[13] 脳の可塑性とは、特に発達期の脳において、外界の刺激などで起こる機能的、構造的な変化をいいます。[18] 脳は自分の身の回りの環境に応じて最適な処理システムを作り上げる、いわゆる「順応」の機能があり、学習を通してよく使われるニューロンの回路の処理効率を高めて、使われない回路の効率を下げるような機能を備えています。

例えば、学習によって脳は機能的にも構造的にも変化します。[19,20] また、発達期を過ぎた成人脳であっても、老化や障害で喪失した神経の機能が補填・回復されていくような可塑性も確認されています。[21] このように、脳の可塑性は発達期の方が盛んではありますが、大人においても見られます。[22]

脳以外の可塑性でわかりやすい例としては、筋肉の可塑性です。骨格筋は可塑性に富む器官で、ウェート・トレーニングなどによる活動量や負荷量に応じて、部分的に機能的・形態的適応を示します。それによって、例えば腕の筋肉が特に発達することで腕力の強いタイプなどのように特別な能力も生まれるのです。脳もそれと同じで、発達や学習方法によって、たとえ遺伝的に同じ生物であっても、違った個性をもつようになります。[13]

脳の可塑性と順応の観点からも、音楽を若いうちから聴いて耳の訓練をすることで、脳の（特に聴覚系の）発達に何かしらの影響を与えることは間違いないでしょう。次では、音楽を聴くことで脳にどのような変化が起こるのか、もう少し具体的にお話ししていきたいと思います。

## 音楽の聴取は「脳の大爆発」

私たちがあるコンサートにいったとイメージしてみて下さい。開演時前の会場は静まり返っています。ほとんど何も音がしませんが、自分を含めた観衆の耳はみな、静まり返った中で今すぐにでも始まろうとしている演奏に期待し、緊張し、耳を研ぎ澄ませています。

そしていよいよコンサートが始まり、最初の音が鳴り響いた瞬間、音が鳴るのを心待ちにしていた脳では1000億個もの神経細胞が一気に活動し「大爆発」を起こします。神経細胞はそれぞれがほかの神経細胞と平均で1000の接続をしているため、全体的には何兆もの接続があることになります。これらが全て活動し、神経線維で連携しあった情報のやり取りが始まることで、瞬く間に知覚、認知、学習、記憶、感情、コミュニケーションを担うあらゆる脳内ネットワークが活動を始めるのです。まさに、「脳の大爆発」の瞬間といえます。

「大爆発」が起こると、神経細胞の活動によってまず音量、音の高さ、音色、音の方向など基本的な情報が知覚されます。これには、脳のワーキングメモリー（第4章を参照）による心の黒板が役にたちます。そして、和音が認識され、和音の進行が認識され、音楽のストーリーが認知され始めます。このプロセスが生じる場所は聴覚からはじまり、脳のあらゆる部位が活躍します。

また、脳の様々な記憶も活性化されます。短期記憶では一瞬だけ音を記憶し音同士を関連付けることで、音楽の拍節や拍子を認識し、メロディーを聴き取ることができるようになります。一方、もしその音楽をすでに知っていたら、その曲の長期記憶が活性化されます。

その曲に個人的な思い出があれば、おのずとエピソード記憶がかかわってくるでしょう。

このように、音楽を聴くことは、脳のあらゆる機能を活性化させます。この音楽による脳の活性化により、脳自体の能力を促進することもあります。その代表的な例が「聴覚野の拡大」です。

側頭葉にある聴覚野は、「音」の処理に関して最も基本的かつ重要な働きをしている、音楽や音声言語の理解には欠かせない場所です。聴覚野は成長とともに発達し拡大していきますが、第2章で詳しく説明したようにこの聴覚野の発達は「音楽の聴取」によってさらに促進することが知られています。改めて紹介しましょう。

例えば、幼い頃から音楽のトレーニングをしてきた音楽家は、非音楽家に比べて聴覚野が大きいことがわかっています。[23] また、音楽の感性や表現力などに重要な前頭葉との神経線維結合も強くなります。[24] これにより、複雑で抽象的な音楽的感性を精密に表現できるようになるのです。

## 統計学習能力の向上

音楽訓練による効果は音楽能力だけにとどまりません。音楽を幼い頃から聴いていたりトレーニングを積んでいたりすると、脳の「統計学習」の機能も向上するといわれていま す。[25、26]なぜなら、言語や音楽を処理するための脳内ネットワークと聴覚統計学習のための脳内ネットワークが非常に似ているため、音楽訓練で相乗的に統計学習能力に影響を与えるからです。[27—34]

トロント大学の研究チームは、4～6歳の幼児に〝短期間（20日間）〟の音楽聴取訓練をしてもらい、音楽訓練が言語能力に影響を及ぼすか調べました。[35]その結果、音楽訓練を受けたグループではそうでないグループに比べ、語彙の記憶が向上することを示しました。

また、フランス国立科学研究センター（CNRS）のクレメント・フランソワらの実験では、8歳の子供を2グループに分け、片方のグループには2年間音楽を奏でるトレーニングを、もう片方のグループには2年間絵を描くトレーニングをしてもらい、その後の言語的な統計学習がどのように変わるかを調べました。[25]その結果、音楽のトレーニングをしたグループは、絵を描くトレーニングをしたグループに比べて、トレーニング前より言語的な統計学習能力が向上することがわかりました。

このように、長い年月をかけた特別な音楽トレーニングでなくとも、1カ月程度の短期間のトレーニングで言語機能や潜在学習機能が向上するのです。

## 言語能力の向上

音楽の訓練により、言語そのものの能力も向上すると多くの研究により報告されています。[27] 例えば、音楽家は非音楽家よりも、発話音の違いを詳細に認識できるそうです。[36] この研究では、音声「ga」と「ba」に対する脳の電気的反応を調べました。音声学的に「ga」と「ba」は、「g」や「b」という子音と「a」という母音からなります［注2］。このことから、「ga」と「ba」の違いは、子音の部分であることがわかります。特に、一般的な「g」という子音は、「b」よりも0・01秒ほど短いことが知られています。つまり「a」の音声は「ga」の方が「ba」の場合よりも早く始まることになります。

実験の結果、音楽家は非音楽家と比べて、この微小な時間差を正確に認識できることが、脳の電気的反応からわかりました。

他の研究では、「イントネーション」に関しても音楽家は非音楽家よりも精度よく認識できるそうです。[37] 研究者らは、実験参加者（音楽家・非音楽家）らに、標準中国語で響きがよく似た三つの単語を聴かせました。中国語は声調言語であり、例えば「mi」の母音「i」がどのような調子（音の高さ）で発音されるかによって単語「mi」の意味が変わります。「.i」の音の高さが変わらなければ「目を細める」を意味しますが、上昇するように発音すると「迷う」という意味になります。また、いったん下がってから上昇すれば「米」を意味します。このように「.i」の周波数を微調節することで言葉の意味がまるっきりかわってしまうのです。三つの「mi」を聴かせたときの脳の電気的反応を調べた結果、音楽家では、声調の微小な差を正確に識別した反応を見せたのです。

また、フランス国立科学研究センターらが行った実験では、音楽と絵画の訓練による脳反応の違いを示しています。[38] 研究者らは、特別な音楽経験のない8歳児を対象に、音楽か絵画どちらかのグループレッスンを6カ月にわたって週2回1時間ほど受けさせました。すると、音楽群の子どもは絵画群の子どもに比べて、音楽のメロディーだけでなく言葉においても、音の高さを微妙に改変したところでそれに対応する脳の電気的反応を見せました。

さらに面白いことに、音楽群の子どもの方が、読み上げ（音読）テストにおいて単語をうまく読めていることも示されています。単なる音の識別だけでなく、音読のようなより複雑な言語処理においても、音楽訓練の効果が現れるのです。

## リズム認知能力の向上

音楽がもたらす影響は他にもあります。例えば、「リズム」の認知機能です。音楽には、数学的に綺麗な規則に基づいた「階層的」なリズムがあります。図5－4の楽譜は、ルートヴィヒ・ヴァン・ベートーベンが作曲したピアノ独奏曲「ディアベリ変奏曲」(33 Variations on a waltz by Anton Diabelli, Op. 120) の一部です。図に示すように、8分音符のリズムの上位に4分音符のリズムがあり、さらにその上位に2分音符のリズムがあり、階層的なリズム構造になっています。[39] もちろん、全ての音楽がこのように綺麗な階層構造

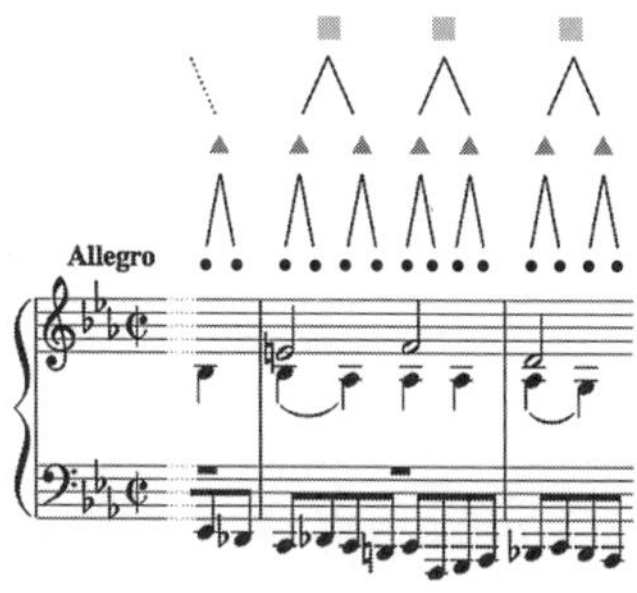


図5－4　ベートーベン「ディアベリ変奏曲」のリズムの階層構造

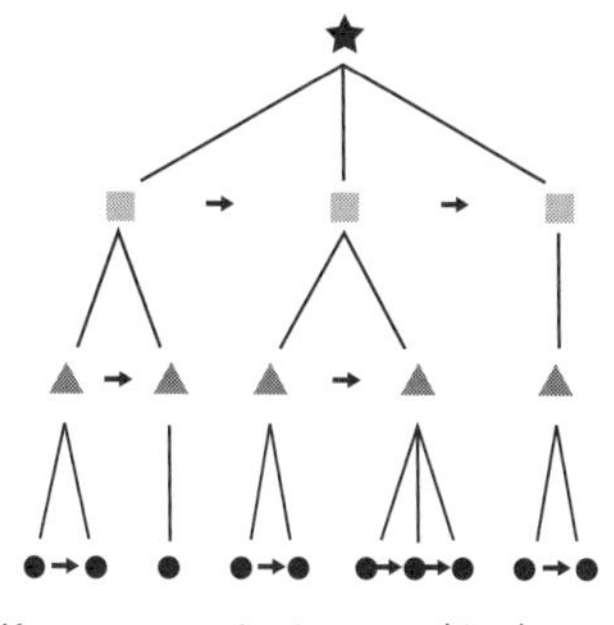


図5－5　日本語のリズムの階層構造

を有しているわけではありませんが、他の音現象と比較して、音楽は全体的に、数学的に綺麗な階層構造を有しています。

リズムの階層性は、言語にも存在していることはすでに説明しました（第4章）。日本語のリズムは、モーラという単位でできており、図5－5でいうところの、丸に相当します。そして、このモーラがいくつか集まることで、今度は上位階層に単語のリズムが生まれます。さらに、単語リズムがいくつか集まると、最後には文章のリズムが生まれます。このように、音楽ほど数学的に綺麗ではないにしろ、言語にもリズムの階層構造が存在しています。

実は、このようなリズムの階層性は、音楽と言語において顕著であると主張されています。例えば、図5－6（カラー口絵）を見て下さい。音楽と言語音では、1―2Hz周辺のリズムが強くあることがわかります（青から赤になるにつれてリズムが強いことを示す）。1―2Hzのリズムとは、0・5―1秒間隔のリズムを意味します。例えば、1秒間に1回ずつ太鼓を叩く、1秒間に1鍵ずつピアノの鍵盤を押すとき、それは1Hzのリズムになります。1秒間に2回の場合は2Hz、1秒間に3回の場合は3Hzです。

「音楽」と「言語」を見ると、1―2Hzのリズムのさらにその下位階層のリズムとして、

5Hz周辺（1／5Hz＝0・2秒間隔）のリズム、12Hz以上（1／12Hz＝0・08秒以下）のリズムが階層的に存在しているのがわかると思います。一方で、「川の流れる音」と「機械音」を見て下さい。川の流れる音では、主に、12Hz以上のリズムしか顕著ではなく、機械音では、10Hz周辺のリズムしかないことがわかります。つまり、音楽や言語に対して、「川の流れる音」と「機械音」は、リズムの階層性が弱いということなのです。

音楽も言語も人間だけが生みだせる情報です。それゆえ、リズムなどのような知覚情報（音や声など）の「階層性」が、人間らしい「知性」の特徴であるといわれています。図5-6のように、1―2Hz、5Hz、12Hzといった、リズムの階層性がある音情報は、人間の知性によって生み出された情報（言語や音楽）によく存在しています。

また、このリズムの階層性は脳波のリズムと同期することがわかっています。[40] 第1章でも述べたように、脳は寝ているときも起きているときも、24時間休むことなく活動しています。脳波は様々なリズム（アルファ波など）からなっていますが、周波数帯域によって異なる役割があります。

例えば、1秒間に1回のリズムは周波数で表すと1Hz、1秒間に2回のリズムは周波数で表すと2Hzとなるため、2分音符で刻まれるような音楽を聴取すると、大体1～2Hzの脳波のリズムが現れます。一方で、1秒間に4~8回のリズム（4―8Hz）は、大体16分音符、32分音符あたりの平均的な長さに相当します。このため、16分音符、32分音符で刻まれるような音楽を聴取すると、大体4―8Hzの脳波のリズムが現れます。このように、脳波は音楽のリズム構造を把握するために重要であり、このリズム構造を脳が理解したとき、音楽リズムに脳波が同期するといわれています。

研究によると、音楽を聴取することで、リズムの階層性を認知する能力があがり、最終的には、音楽に似たリズムをもつ言語の認知機能も向上するのではないかといわれています。[41]例えば、音楽家は、第二言語を流暢に話せることが多いといわれていますが、それは、音楽訓練によって、階層的なリズムを認知する能力が上がったからなのかもしれません。

## 知識に階層性をもたせる

情報の階層性に関しては、第2章にて「統計学習」でも重要であることを述べました。このように、リズムに関しても統計学習に関しても、「情報の階層性」を捉えるということが、知性の発達に重要と考えられています。

音楽や言語をたくさん聴くことで、「チャンク（情報のまとまり）」を脳内にたくさん作ることができます。ただ、言語の場合はある程度、単語などの意味を理解していないと階層性を捉えることは難しいと言えます。この点で音楽は、音の高さや響きという、言語に比べて抽象的な情報であり、かつ世界共通言語でもあります。音楽は言語と比べると、年齢や言語能力、国などにあまり影響を受けづらいといえるでしょう。

また、前述したように、言語よりも数学的に綺麗なリズムの階層性を有しています（2分音符のリズムの下位階層に、その倍速の4分音符のリズムがあり、そのさらに下位に倍速の8分音符のリズムがあるといったように）。このように、音楽を用いることで、言語よりも比較的容易に知性の発達に重要な「階層性」の認知能力を鍛えることができるといえます。

## 音楽の脳疾患への効果

### 音楽の効果を臨床へ活かす

音楽療法は、歌や楽器を演奏する、音楽を聴く、音楽に合わせて身体を動かすといった活動を通じて聴覚・視覚・触覚などを刺激することで、気持ちを穏やかにしたり、認知・

運動機能の維持・改善に働きかけたり、他人とのコミュニケーションを誘発したりするなどの効果があります。子どもや障がい者の発達支援や学習支援、高齢者の介護予防やリラクゼーション、病気やケガをした人のリハビリテーションなど、さまざまな目的で実施されます。

音楽の治療効果に関する研究はここ数十年で大きく進展しました。2000年頃までに発表された研究は数百件にすぎませんが、それ以降は数千件にものぼります。一方で、音楽の治癒効果を証明するというのはなかなか難しいことです。医学・薬学の研究であれば、大半の試験はなるべく最小限の治験計画で実施されます。例えば、新薬を錠剤の形で一定回数服用させ、対照群にはプラセボ錠を投与すれば、非常に明快な治療パラメーターを正確に検査できます。

しかし、音楽療法の場合、効果をもたらしたのは本当に音楽なのか、それとも音楽療法士との個人的関係なのか、気分転換なのか、あるいはそれら全てなのかわかりません。しかし、それでも音楽によって気分だけでなく、実際の病的な症状まで改善したりしたという報告はあとを絶ちません。ここからは、それらのごく一部を紹介したいと思います。

## 脳卒中への有効性

脳血管障害とは、別名脳卒中ともいい、脳の血管が破れたり詰まったりすることで脳が障害を受ける病気をいいます。これにより、言語機能や身体機能が失われたり死に至ることもある重篤な疾患です。フィンランドのヘルシンキ大学を中心とした研究チームは、音楽を用いることで脳卒中患者の症状改善に寄与することを示しました。[42]

研究チームは、60名の脳卒中患者に対して、音楽を聴くグループ20名、オーディオブックを聴くグループ20名、どちらも聴かないグループ20名に無作為に分け、音楽が症状にどう影響するか調べました。音楽を聴くグループの脳卒中患者は本人のお気に入り曲、オーディオブックの患者には本人が選んだオーディオブックが与えられ、1日に少なくとも1時間CDを聴かせました。

脳卒中から6カ月後に口頭記憶と集中力のテストを行った結果［注3］、音楽を聴くグループの患者がほかの二つのグループ（オーディオブック、どちらも聴かないグループ）よりも高いパフォーマンスを示したのです。さらに、音楽を聴くグループでは、抑うつ症状（落ち込みなど）も少ないことがわかりました。

この研究結果からわかることは、毎日数時間程度の音楽を聴くだけで、脳卒中による脳障害が回復する可能性があるということです。また、脳卒中発症の6カ月後の脳を調べてみた結果、音楽を聴いた患者は、オーディオブックを聴いた患者やどちらも聴かない患者に比べて、脳卒中を生じていない脳の半球側が著しく大きいことが報告されています。[43]

このことから、音楽を聴くことは、脳卒中を発症していない半球の機能再編成をサポートすることを示しています。言語でも多少の効果は得られるようですが、音楽の方が効果は高いようです。

### 失語症への有効性

左前頭葉のブローカ野（79ページ）という部位が損傷すると「ブローカ失語」と呼ばれる言語障害を発症します。ブローカ失語の特徴として、文や他人の話を理解したり単語や文を使って思考することができるにもかかわらず、「話すこと」が上手くできません。理解（感覚）ではなく話す（運動）ことに関して特別に障害を受けることから、ブローカ失語は「運動性失語」ともいわれています［注4］。

しかし興味深いことに、ブローカ失語を有している人の中で、話すことができなくても歌詞（言葉）をのせて歌うことができるという人がかなりの確率で存在しています。同じ言葉を使っているにもかかわらず、メロディーにのせて歌うだけで、言葉を発することができるのです。これを利用した音楽療法のアプローチがあります。そのひとつが「メロディック・イントネーション・セラピー（ＭＩＴ）」です。

このセラピーでは、ブローカ失語の患者が簡単な文をメロディーにのせて、拍子に合わせて手で机を叩きながら歌います。メロディーとは言っても、言語のアクセントやイントネーションを強調したようなものであり、構造は非常に単純です。これを訓練していきながら、徐々に、新しい文を歌ったり話したりできるようにしていくものです。

ＭＩＴは、数多くの研究によってその効果が実証されています。例えば、他の色々なアプローチでも改善できなかった疾患に対しても、セラピーによって改善が見られたという報告もあります。[44]

なぜＭＩＴが有効なのでしょうか？　この根拠を神経科学的に探った研究があります。ハーバード大学の研究チームは、ブローカ失語の患者を対象に、15週間毎日セラピーを受けたあとの脳の神経メカニズムの変化をＭＲＩによって調べました。[45、46]

すると、右半球において、言葉を理解し返答するための経路が新たに形成されていることとがわかったのです。この経路によって、言葉を理解し、さらに理解した言葉に対して返答するといったコミュニケーションも可能になります。この経路は基本的に、左半球の方が発達しています。しかし、左半球のブローカ野が損傷を受けた失語症患者でも、MITを行うことで、今度は右半球においてこの神経経路の再編成をもたらす可能性があることを示唆しています。ちなみに、音楽家はこの神経経路が左半球でも右半球でも著しく発達しているといわれています。[47] このことから、音楽家は失語症から回復する可能性が高いといえるのかもしれません。

### 認知症への有効性

認知症は、脳の障害などにより認知機能が低下して、ものが覚えられなくなったり、思い出せなくなる状態をいいます。認知症の中でも「アルツハイマー型認知症」は最も多く、脳神経が変性して脳の一部が萎縮していく過程で起きる認知症を指します。近年の研究によると、アルツハイマー型認知症に対して、音楽が有効であることを主張しています。[48]

記憶に重要な脳の部位として真っ先に挙げられるのが内側側頭葉にある海馬です。内側側頭葉に重度の萎縮があるアルツハイマー型認知症に関する研究で興味深い報告がありまだけは維持されていると報告しています。[49-51] この研究では、記憶障害が進行したアルツハイマー型認知症であっても、音楽の記憶だけは維持されていると報告しています。

実験では、さまざまな曲をアルツハイマー型認知症の人の前で演奏しました。その中には、いくつか間違った音も混ざっています。すると、知っているメロディーが演奏されるとそのメロディーを思い出して一緒に歌うことができることがわかったのです。また、間違った音が混じっていると、驚いたり、額にしわを寄せたりしたのです。

このことから、アルツハイマー型認知症により記憶システムが損なわれていても、「音楽の記憶」だけは維持されている可能性があることがわかりました。さらに、アルツハイマー患者は、ただ単に話されるよりも、歌いながらメロディーにのせて話した方が文章をよく覚えられるといわれています。[52] アルツハイマー型認知症で記憶障害が起こっても、音楽を用いれば新たな情報を記憶することができるのです。

また、アルツハイマー型認知症は一般的に、エピソード記憶に障害が起こります。第3章でも述べたように、エピソード記憶は、個々の実体験（ストーリー）の記憶を指します。子供の頃に起こったエピソードや、自分の頭で物語をイメージするような記憶です。つまり、アルツハイマー型認知症になると、前に経験したエピソードなどを思い出せなくなるのです。

しかし、先行研究では、音楽を用いることで、エピソード記憶も思い出せることを報告しています。[53] 研究によると、音楽なしでエピソード記憶の内容を語ろうとするときは、アルツハイマー型認知症では、体験を詳細に思い出すことができませんでしたが、音楽を流すことで、健常者と同程度に体験を思い出すことができたそうです。

これを説明する一つの要因として、「プルースト現象」というものがあります。[54] プルースト現象とは、フランスの小説家マルセル・プルーストの『失われた時を求めて』で、主人公がマドレーヌを紅茶に浸したとき、その香りがきっかけで幼年時を思い出すという描写にちなんで名付けられました。

我々は、一般的に何かを記憶するとき、実は記憶したときの周囲の環境や状況も一緒に記憶しています。プルースト現象とは、記憶をある特定の感覚（香りなど）と結びつけることで、それと同じ感覚を体験すると同時に記憶が蘇るというものです。このように、記憶した情報に、何かしらの音楽をタグ付けしてあげることで、忘れてしまった記憶も蘇りやすくなります。

一方で、アルツハイマー型認知症の音楽を用いたエピソード記憶への効果は、必ずしもプルースト現象とは限らないようです。先行研究によれば、語られる出来事と全く無関係の音楽を用いても、エピソード記憶を呼び起こすことができると報告しています。[53] このことから、音楽は無意識にエピソード記憶を呼び覚ます力があるのかもしれません。[55]

## 自閉スペクトラム症への有効性

自閉スペクトラム症者は、たとえ音楽家ではなく、特別な音楽教育を受けていなくても、通常から平均以上の音楽技能を有していることが多いという報告があります。[56] また、話せないのに歌や楽器演奏はできる自閉スペクトラム症者もいます。[57] これはなぜなのでしょうか？

先行研究によると、言語障害のある自閉スペクトラム症者の脳反応は、言語よりもむしろ音楽に対して過敏に反応することを報告しています。[58,59] これらの研究から考えると、自閉症者は脳の言語システムそのものに欠陥があるというよりむしろ、脳の言語系を単に別の形で、つまり言語ではなく音楽のために使っていることが示唆されます。

これらの結果から、失語症に対するＭＩＴを自閉スペクトラム症者向けにアレンジした「聴覚・運動マッピング訓練」（Auditory-Motor Mapping Training：ＡＭＭＴ）というものが開発されています。[60、61] MITとの違いは、歌いながら机を叩くのではなく、両手で二つのドラムパッドを叩くものです。この手法を用いることで、自閉スペクトラム症者は自ら新しい単語を学習し始めると報告されています。

## 音楽は私たちの心の中を「見える化」する

本章では、音楽を聴くことで脳にどのような効果をもたらすのかをお話ししました。それは、脳自体の機能を高め、音楽以外の能力（言語等）を高め、そして脳疾患に対してもポジティブな効果をもたらします。このように、音楽は（正しく享受すれば）明らかに私たちにいい効果をもたらします。

また、音楽は元々もっている素質以上に、生まれてからどのくらい音楽を聴き、そしてどのように音楽を聴くかで脳の発達の仕方が変わってくることを述べました。生まれ育った文化や時代の音楽をたしなむことができても、自分の文化や時代とは違った音楽は奇妙に聴こえたりするのは、まさに脳が生まれてからずっと聴き続けてきた音楽に順応した結果といえます。これは、人間が誰しも言語を話せるけれど、生まれ育った環境によって使う言語の種類が違うようなものです。

しかしどんなに違う言語であっても、コミュニケーションのツールとして、自分の気持ちを人に伝え理解してもらうための手段として用いるという目的はみな共通しています。それは音楽においても同様です。むしろ音楽は、私たちが言語を用いるようになったずっと前から存在しています。音楽は言語の祖先なのです。

音楽の中の特殊な形態、つまり効率的で具体的なコミュニケーションの手段として「言語」があると考えるほうが、私としては正しいと考えています。言語は単語などで皆で知識を共有することができます。一方で、音楽はまだ言語化されていない「心の中」を表現することができます。言語はそもそも人間の知恵によって生まれたもので、「嬉しい」や「楽しい」といった言葉が真に心の中の状態を表しているとはいえません。

心はもっと複雑で、本来完全には言葉で表現することができないものです。その反面、音楽は本来効率化すべきでない真の心の中を直接的に表現することができるといえるでしょう。言葉を話せない赤ちゃんでも音楽を楽しむことができるように、音楽を聴いて「言葉にはできない感動」をするように、音楽は言語化されていない私たちの心の中を直接的に表現しているといえるのです。音楽は、そういった感情を呼び起こすことができる魔法のツールといえるでしょう。

音楽を聴くことによる脳への効果はもちろんありますが、その前に音楽とは言語以上に私たち人間にとってなくてはならない、最も根本的なものであることを忘れてはいけません。決して娯楽のためではなく、特別なものでもない、人間の本質的な部分が音楽なのです。

[注1]　「モーツァルト効果（THE MOZART EFFECT）」という名称は、アメリカのドン・キャンベル社（Don Campbell Inc.）によって2019年12月に商標登録されました（https://trademarks.justia.com/870/02/the-mozart-87002155.html）。キャンベルは、これを用いて、「モーツァルト効果」なるものを拡大解釈し、エイズや糖尿病、アレルギーにも効果があると喧伝しました。

[注2]　母音とは、日本語でいうところの「ア・イ・ウ・エ・オ（a・i・u・e・o）」の音を指します。一方で、子音は母音以外の音のことをいいます。例えば、「カ」という音は、「k」という子音と「a」という母音からなります。

[注3]　口頭記憶テストは、10単語からなるリストが読み上げられた後に、思い出せる単語を全て挙げる。集中力テストは、計算問題を解くといったもの。

[注4]　ブローカ失語（運動性失語）に対して、理解ができないが話すことはできる言語障害は、ウェルニッケ失語と呼ばれます。

## 参考文献

1 Rauscher, F. H., Shaw, G. L., & Ky, K. N. (1993). Music and spatial task performance. *Nature, 365* (6447), 611.
2 Rauscher, F. H., Robinson, K. D., & Jens, J. J. (1998). Improved maze learning through early music exposure in rats. *Neurological research, 20* (5), 427–432.
3 Chabris, C. F. (1999). Prelude or requiem for the 'Mozart effect'? *Nature 400* (6747), 826–827.
4 Abbott, A. (2007). Mozart doesn't make you clever. *Nature.*
5 Pietschnig, J., Voracek, M., & Formann, A. K. (2010). Mozart effect–Shmozart effect: A meta-analysis. *Intelligence, 38* (3), 314–323.
6 Darwin, C. (1859). *The origin of species by means of natural selection.* Reprinted by Modern Library.
7 Mendel, G. (1866). Versuche über pflanzen-hybriden. *Verhandlungen Des Naturforschenden Vereines in Brünn, 4,* 3–47.
8 Hauser, M. D., Chomsky, N., & Fitch, W. T. (2002). The faculty of language: what is it, who has it, and how did it evolve? *Science, 298* (5598), 1569–1579.
9 Jackendoff, R., & Lerdahl, F. (2006). The capacity for music: What is it, and what's special about it? *Cognition, 100* (1), 33–72.
10 Lerdahl, F., & Jackendoff, R. S. (1996). *A Generative Theory of Tonal Music, reissue, with a new preface.* MIT press.
11 Gesell, A. (1929). Maturation and infant behavior pattern. *Psychological Review, 36* (4), 307–309.
12 Watson, J. B. (1913). Psychology as the behaviorist views it. *Psychological Review, 20,* 158–177.
13 Freund, J., Brandmaier, A. M., Lewejohann, L., Kirste, I., Kritzler, M., Krüger, A., Sachser, N., Lindenberger, U., & Kempermann, G. (2013). Emergence of individuality in genetically identical mice. *Science, 340* (6133), 756–759.

14 Jensen, A. R. (1969). How much can we boost IQ and scholastic achievement? *Harvard Educational Review, 39* (1), 1-123.

15 東洋（１９６９）「知的行動とその発達」桂　広介・園原太郎・波多野完治・山下俊郎・依田 新監修、岡本夏木・古沢頼雄・高野清純・波多野誼余夫・藤永保（編）『児童心理学講座４ 認識と思考』金子書房

16 Saffran, J. R., Aslin, R. N., & Newport, E. L. (1996). Statistical learning by 8-month-old infants. *Science, 274* (5294), 1926-1928.

17 Kuhl, P. K., Williams, K. A., Lacerda, F., Stevens, K. N., & Lindblom, B. (1992). Linguistic experience alters phonetic perception in infants by 6 months of age. *Science, 255* (5044), 606-608.

18 Spitzer, N. C. (1999). New dimensions of neuronal plasticity. *Nature neuroscience, 2* (6), 489-491.

19 Partanen, E., Kujala, T., Näätänen, R., Liitola, A., Sambeth, A., & Huotilainen, M. (2013). Learning-induced neural plasticity of speech processing before birth. *Proceedings of the National Academy of Sciences of the United States of America, 110* (37), 15145-15150.

20 Galván, A. (2010). Neural plasticity of development and learning. *Human brain mapping, 31* (6), 879-890.

21 Burke, S. N., & Barnes, C. A. (2006). Neural plasticity in the ageing brain. *Nature Reviews Neuroscience, 7* (1), 30-40.

22 Rakic, P. (2002). Neurogenesis in adult primate neocortex: an evaluation of the evidence. *Nature Reviews Neuroscience, 3* (1), 65-71.

23 Schneider, P., Scherg, M., Dosch, H. G., Specht, H. J., Gutschalk, A., & Rupp, A. (2002). Morphology of Heschl's gyrus reflects enhanced activation in the auditory cortex of musicians. *Nature neuroscience, 5* (7), 688-694.

24 Leipold, S., Klein, C., & Jäncke, L. (2021). Musical expertise shapes functional and structural brain networks

independent of absolute pitch ability. *The Journal of Neuroscience, 41* (11), 2496-2511.

25 François, C., Chobert, J., Besson, M., & Schön, D. (2013). Music training for the development of speech segmentation. *Cerebral Cortex, 23* (9), 2038-2043.

26 Francois, C., & Schön, D. (2011). Musical expertise boosts implicit learning of both musical and linguistic structures. *Cerebral Cortex, 21* (10), 2357-2365.

27 Elmer, S., Albrecht, J., Valizadeh, S. A., François, C., & Rodríguez-Fornells, A. (2018). Theta coherence asymmetry in the dorsal stream of musicians facilitates word learning. *Scientific reports, 8* (1), 1-13.

28 Tremblay, P., Baroni, M., & Hasson, U. (2013). Processing of speech and non-speech sounds in the supratemporal plane: auditory input preference does not predict sensitivity to statistical structure. *Neuroimage, 66,* 318-332.

29 Farthouat, J., Franco, A., Mary, A., Delpouve, J., Wens, V., de Beeck, M. O., de Tiège, X., & Peigneux, P. (2017). Auditory magnetoencephalographic frequency-tagged responses mirror the ongoing segmentation processes underlying statistical learning. *Brain topography, 30* (2), 220-232.

30 McNealy, K., Mazziotta, J. C., & Dapretto, M. (2006). Cracking the language code: neural mechanisms underlying speech parsing. *The Journal of Neuroscience, 26* (29), 7629-7639.

31 López-Barroso, D., Catani, M., Ripollés, P., Dell'Acqua, F., Rodríguez-Fornells, A., & de Diego-Balaguer, R. (2013). Word learning is mediated by the left arcuate fasciculus. *Proceedings of the National Academy of Sciences of the United States of America, 110* (32), 13168-13173.

32 Dehaene, S., Meyniel, F., Wacongne, C., Wang, L., & Pallier, C. (2015). The neural representation of sequences: from transition probabilities to algebraic patterns and linguistic trees. *Neuron, 88* (1), 2-19.

33 Cunillera, T., Càmara, E., Toro, J. M., Marco-Pallares, J., Sebastián-Galles, N., Ortiz, H., Pujol, J., & Rodríguez-

Fornells, A. (2009). Time course and functional neuroanatomy of speech segmentation in adults. *Neuroimage, 48* (3), 541–553.

34 de Zubicaray, G., Arciuli, J., & McMahon, K. (2013). Putting an "end" to the motor cortex representations of action words. *Journal of Cognitive Neuroscience, 25* (11), 1957–1974.

35 Moreno, S., Bialystok, E., Barac, R., Schellenberg, E. G., Cepeda, N. J., & Chau, T. (2011). Short-term music training enhances verbal intelligence and executive function. *Psychological science, 22* (11), 1425–1433.

36 Kraus, N., & Strait, D. L. (2015). Emergence of biological markers of musicianship with school-based music instruction. *Annals of the New York Academy of Sciences, 1337,* 163–169.

37 Wong, P. C. M., Skoe, E., Russo, N. M., Dees, T., & Kraus, N. (2007). Musical experience shapes human brainstem encoding of linguistic pitch patterns. *Nature neuroscience, 10* (4), 420–422.

38 Moreno, S., Marques, C., Santos, A., Santos, M., Castro, S. L., & Besson, M. (2009). Musical training influences linguistic abilities in 8-year-old children: more evidence for brain plasticity. *Cerebral cortex, 19* (3), 712–723.

39 Daikoku, T., & Goswami, U. (2021). Musical Rhythm across Western Genres arises from Hierarchical Temporal Modulation Structures that match the Structures found in Infant-and Child-Directed Speech. *bioRxiv,* 2020–08.

40 Ding, N., Melloni, L., Zhang, H., Tian, X., & Poeppel, D. (2016). Cortical tracking of hierarchical linguistic structures in connected speech. *Nature neuroscience, 19* (1), 158–164.

41 Goswami, U. (2012). Entraining the brain: applications to language research and links to musical entrainment. *Empirical Musicology Review, 7* (1-2), 57–63.

42 Särkämö, T., Tervaniemi, M., Laitinen, S., Forsblom, A., Soinila, S., Mikkonen, M., Autti, T., Silvennoinen, H. M., Erkkilä, J., Laine, M., Peretz, I., & Hietanen, M. (2008). Music listening enhances cognitive recovery and mood

after middle cerebral artery stroke. *Brain, 131* (3), 866-876.

43 Särkämö, T., Ripollés, P., Vepsäläinen, H., Autti, T., Silvennoinen, H. M., Salli, E., Laitinen, S., Forsblom, A., Soinila, S., & Rodríguez-Fornells, A. (2014). Structural changes induced by daily music listening in the recovering brain after middle cerebral artery stroke: a voxel-based morphometry study. *Frontiers in Human Neuroscience, 8,* 245.

44 van der Meulen, I., van de Sandt-Koenderman, W. M. E., Heijenbrok-Kal, M. H., Visch-Brink, E. G., & Ribbers, G. M. (2014). The efficacy and timing of melodic intonation therapy in subacute aphasia. *Neurorehabilitation and neural repair, 28* (6), 536-544.

45 Schlaug, G., Marchina, S., & Norton, A. (2009). Evidence for plasticity in white matter tracts of chronic aphasic patients undergoing intense intonation-based speech therapy. *Annals of the New York Academy of Sciences, 1169,* 385-394.

46 Wan, C. Y., Zheng, X., Marchina, S., Norton, A., & Schlaug, G. (2014). Intensive therapy induces contralateral white matter changes in chronic stroke patients with Broca's aphasia. *Brain and language, 136,* 1-7.

47 Halwani, G. F., Loui, P., Rueber, T., & Schlaug, G. (2011). Effects of practice and experience on the arcuate fasciculus: comparing singers, instrumentalists, and non-musicians. *Frontiers in psychology, 2,* 156.

48 Goris, E. D., Ansel, K. N., & Schutte, D. L. (2016). Quantitative systematic review of the effects of non-pharmacological interventions on reducing apathy in persons with dementia. *Journal of advanced nursing, 72* (11), 2612-2628.

49 Cuddy, L. L., & Duffin, J. (2005). Music, memory, and Alzheimer's disease: is music recognition spared in dementia, and how can it be assessed? *Medical hypotheses, 64* (2), 229-235.

50 Cuddy, L. L., Duffin, J. M., Gill, S. S., Brown, C. L., Sikka, R., & Vanstone, A. D. (2012). Memory for melodies and lyrics in Alzheimer's disease. *Music Perception: An Interdisciplinary Journal, 29* (5), 479–491.

51 Vanstone, A. D., & Cuddy, L. L. (2010). Musical memory in Alzheimer disease. *Aging, Neuropsychology, and Cognition, 17* (1), 108–128.

52 Moussard, A., Bigand, E., Belleville, S., & Peretz, I. (2014). Learning sung lyrics aids retention in normal ageing and Alzheimer's disease. *Neuropsychological Rehabilitation, 24* (6), 894–917.

53 El Haj, M., Antoine, P., Nandrino, J. L., Gély–Nargeot, M. C., & Raffard, S. (2015). Self–defining memories during exposure to music in Alzheimer's disease. *International Psychogeriatrics, 27* (10), 1719–1730.

54 Chu, S., & Downes, J. J. (2002). Proust nose best: Odors are better cues of autobiographical memory. *Memory & cognition, 30* (4), 511–518.

55 El Haj, M., Fasotti, L., & Allain, P. (2012). The involuntary nature of music–evoked autobiographical memories in Alzheimer's disease. *Consciousness and cognition, 21* (1), 238–246.

56 Heaton, P. (2009). Assessing musical skills in autistic children who are not savants. *Philosophical Transactions of the Royal Society of London. Series B: Biological Sciences, 364* (1522), 1443-1447.

57 Ockelford, A. (2017). Towards a developmental model of musical empathy using insights from children who are on the autism spectrum or who have learning difficulties. In *Music and empathy* (pp. 39-88). Routledge.

58 Lai, G., Pantazatos, S. P., Schneider, H., & Hirsch, J. (2012). Neural systems for speech and song in autism. *Brain, 135* (3), 961-975.

59 DePriest, J., Glushko, A., Steinhauer, K., & Koelsch, S. (2017). Language and music phrase boundary processing in Autism Spectrum Disorder: An ERP study. *Scientific reports, 7,* 1-12.

60 Wan, C. Y., Bazen, L., Baars, R., Libenson, A., Zipse, L., Zuk, J., Norton, A., & Schlaug, G. (2011). Auditory-motor mapping training as an intervention to facilitate speech output in non-verbal children with autism: a proof of concept study. *PloS ONE, 6*(9), e25505.

61 Chenausky, K., Norton, A., Tager-Flusberg, H., & Schlaug, G. (2016). Auditory-motor mapping training: comparing the effects of a novel speech treatment to a control treatment for minimally verbal children with autism. *PLoS ONE, 11*(11), e0164930.

# あとがき

本書を手にとっていただきありがとうございます。

筆者が、神経科学、計算論、芸術、音楽理論など様々な学問を融合した研究を行えているのは、これまでに私に影響を与えて下さった多くの師、家族、そしてこれまで共に戦ってきた友人や同僚、共同研究者たちのおかげです。

筆者は、幼いころからおもちゃのようにピアノの即興演奏で遊び、授業中にも五線譜で曲を作ったり音楽の数学的法則を探したりするような子どもでした。そんな筆者の個性を理解してくれた大切な友達や、家族、また先生方がいなければ、今私はこの研究をしていないでしょう。この場を借りて、感謝を申し上げます。

私は日々、人の脳がどのようにして特に音楽の「創造性」を獲得するのかについて、神経科学や計算論的手法によって研究を行っています。一方で、私にとって脳の研究は、脳を知る以上に新たな作曲手法の発明のための手段ともいえます。もちろん、研究ではなく「演奏や作曲」のみから音楽の本質を知ることは、音楽を極めるための王道であることに変わりありません。

しかし、それを神がかった音楽家のみが知るのではなく、誰でも知ることができるように記述していくのが研究者だと考えています。読者のみなさんも是非、本書によって別の視点からも音楽を眺め、さらに音楽を楽しむことができたらこの上ない幸せです。

話は変わりますが、昨今のコロナ禍により音楽家はコンサート活動を全く行えない期間が数年続いています。特にコンサート活動が収入のメインであった音楽家は、「稼がないで家でじっとしていろ」と言われているようなものです。音楽家の友人たちや仕事仲間はこのような状況の中でも生きていくために何とか仕事を続けようと、少人数、またはオンラインによるコンサート活動を行っています。

もちろん音楽家だけではありません。ビジネスパーソンや経営者、入学式や卒業式を行うはずだった学生さんにとっても辛い時期だったことでしょう。

しかし、過去も現在も、このような社会的に大変な時こそ音楽が活躍してきたという人間の歴史があります。例えば、フレデリック・ショパンが友人フランツ・リストに献呈された「革命のエチュード」で知られる『練習曲ハ短調作品10－12』は、彼の祖国ポーランドが激動の真っただ中にあったにもかかわらず、祖国を離れ闘争に参加できなかったことによる激しい感情を込めて作曲されたといわれています（諸説あり）。

昔の人は生きていくためになくてはならない農作物の収穫を神に願って音楽を奏でました。また、アメリカによる奴隷解放後、自由な時間を得た黒人たちが神ではなく「自分たち」について歌いだしたのがブルースの起源だと考えられています。フランスの作曲家クロード・ドビュッシーの名言、

「言葉で表現できなくなったとき、音楽が始まる」

この言葉にも示されるように、音楽は時に言葉以上に「内から湧き出るような感情」を直接的に表現する手段として人間になくてはならないものなのです。

感情を表現するということは、人が生きる上でなくてはならないものであることは誰しもが理解しています。しかし現代では、言語と同等に重要であるはずの「音楽」に関してはなぜか「自粛できるもの」と考えてしまう傾向があります。しかし、言語の起源は音楽だと主張する学者も多くいるように、もともと人間は音楽によってコミュニティを築いて

きました。また、本書の第1章でも述べたように、昔は、音楽は宇宙の法則を理解する上で重要な学問でした。

確かに言語と音楽は違うものですし、現代においてコミュニケーションは言葉によって行うのが一般的です。しかし、それは音楽が言語より劣っているのではなく、音楽でしかできないことと言語にしかできないことが存在するということです。例えば、音楽は合唱などのように皆でともに創造できます。この点から考えると、言語よりもより直感的・本能的に人と人を「心」から結びつけ「共感」し合うために重要な手段といえるでしょう。

もし、「言葉をまったく発するな」といったら私たちはどうなるでしょう。特に、会話をするのと同じくらい楽器を練習してきた音楽家にとって、演奏の自粛は言葉を発さないことに近いのかもしれません。

演奏を聴く側の私たちは、これまでたくさんの音楽家から素晴らしいものをもらってきました。辛いときに音楽を聴いて心を落ち着かせたり、青春時代の思い出が当時聴いた音楽によって呼び起こされたりする人はたくさんいるでしょう。少なくとも音楽は娯楽ではなく言語と同様に、私たちの心の成長、人と人の繋がり、健康の維持になくてはならないものであるということを、これからのウィズコロナ、またはポストコロナ時代では忘れてはならないと思います。

本書を読むことで、今私たちがどのようにして音楽と向き合っていけるのかを考え、また自身の生活にますます音楽を取り入れて、こころの安らぎや活力を増大していくことを願っています。

最後にこの場を借りて、編集から出版に至るまで大変お世話になった出版社の方々、文章力が低い私の原稿を読者にわかりやすくするようご尽力くださった担当編集者の大坂温子様、私の人生を育んでくれた家族、国内や海外にいる私の同僚や共同研究者、３６５日ずっとそばで支えてくれている妻、ただただ可愛いトイプードルのミルちゃん、そして本書を手にとってくださったすべての読者へ心から感謝の気持ちを捧げます。

大黒達也

**大黒達也** だいこく・たつや
1986年、青森県生まれ。医学博士。東京大学国際高等研究所ニューロインテリジェンス国際研究機構特任助教。東京大学大学院医学系研究科博士課程修了。オックスフォード大学、ケンブリッジ大学勤務などを経て現職。専門は音楽の神経科学と計算論。神経生理データから脳の創造性をモデル化し、創造性の起源とその発達的過程を探る。また、それを基に新たな音楽理論を構築し、現代音楽の制作にも取り組む。主な著者に『芸術的創造は脳のどこから産まれるか？』(光文社新書)など。

朝日新書
852

音楽する脳
天才たちの創造性と超絶技巧の科学

2022年2月28日第1刷発行

著　者　大黒達也

発行者　三宮博信
カバーデザイン　アンスガー・フォルマー　田嶋佳子
印刷所　凸版印刷株式会社
発行所　朝日新聞出版
〒104-8011　東京都中央区築地5-3-2
電話　03-5541-8832（編集）
　　　03-5540-7793（販売）

Published in Japan by Asahi Shimbun Publications Inc.
ISBN 978-4-02-295163-2
定価はカバーに表示してあります。

## 防衛省の研究
### 歴代幹部でたどる戦後日本の国防史
辻田真佐憲

2007年に念願の「省」に格上げを果たした防衛省。15年には集団的自衛権の行使を可能とする「安全保障関連法」が成立し、ますます存在感を増している。歴代防衛官僚や幹部自衛官のライフストーリーを基に、戦後日本の安全保障の変遷をたどる。

## いつもの言葉を哲学する
古田徹也

哲学者のウィトゲンシュタインは「すべての哲学は「言語批判」である」と語った。本書では、日常で使われる言葉の面白さそして危うさを、多様な観点から辿っていく。サントリー学芸賞受賞の気鋭の哲学者が説く、言葉を誠実につむぐことの意味とは。

## となりの億り人
### サラリーマンでも「資産1億円」
大江英樹

ごく普通の会社員なのに、純金融資産1億円以上の人が急増中。元証券マンで3万人以上の顧客を担当した著者は、共通点は「天引き習慣」「保険は入らない」「ゆっくり投資」の3つだと指摘。今すぐ始められる、再現性の高い資産形成術を伝授！

## 他人をコントロールせずにはいられない人
片田珠美

他人を思い通りに操ろうとする人、それをマニピュレーターという。うわべはいい人である場合が多く、他人の不安や弱みを操ることに長けている。本書では具体例を挙げながら、その精神構造を分析し、見抜き方や対処法などについて解説する。

朝日新書

## 死者と霊性の哲学
### ポスト近代を生き抜く仏教と神智学の智慧

末木文美士

「近代の終焉」後、長く混迷の時代が続いている。従来の思想史や哲学史では見逃されてきた「死者」と「霊性」という問題こそ、日本の思想で重要な役割を果たしている。19世紀以降展開されてきた神智学の系譜にさかのぼり、仏教学の第一人者が「希望の原理」を探る。

## 宇宙は数式でできている
### なぜ世界は物理法則に支配されているのか

須藤　靖

なぜ宇宙は、人間たちが作った理論にこれほど従っているのか？　ブラックホールから重力波まで「数学的な解にしかすぎない」と思われたものが、技術の発展によって続々と確認されている。神が仕組んだとしか思えない法則の数々と研究者たちの探究の営みを紹介する。

## 防衛事務次官　冷や汗日記
### 失敗だらけの役人人生

黒江哲郎

防衛省「背広組」トップ、防衛事務次官。2015年から17年まで事務次官を務め南スーダンPKO日報問題で辞任した著者が「失敗だらけの役人人生」を振り返る。自衛隊のイラク派遣、防衛庁の省昇格、安全保障法制などの知られざる舞台裏を語る。

朝日新書

## 第二次世界大戦秘史
### 周辺国から解く 独ソ英仏の知られざる暗闘

山崎雅弘

人類史上かつてない広大な地域で戦闘が行われた第二次世界大戦の欧州大戦。ヒトラー、スターリン、チャーチルの戦略と野望、そして誤算――。彼らに翻弄された、欧州・中近東「20周辺国」の視点から、大戦の核心を多面的・重層的に描く。

## 音楽する脳
### 天才たちの創造性と超絶技巧の科学

大黒達也

優れた音楽はどのような作曲家たちの脳によって作られ、演奏されているのか。ベートーベンからグールドまで、偉人たちの脳を大解剖。深い論理的思考で作られているクラシックをとことん味わうための「音楽と脳の最新研究」を紹介。

## 昭和・東京・食べある記

森 まゆみ

東京には昭和のなつかしさ漂う名飲食店があちこちに。「安くてうまい料理」と、その裏にある、作る人・食べる人が織りなす「おいしい物語」を作家で地域誌「谷根千」元編集者の著者が、食べ、かつ聞き歩く。これぞ垂涎の食エッセー。